职业教育·城市轨道交通类专业精品教材

Chengshi Guidao Jiaotong Chezhan Shebei

城市轨道交通车站设备

（第4版）

主　编　白继平　仇海兵
副主编　汪成林　郑　锂　魏九妹　叶　飞
主　审　佟关林

人民交通出版社

北京

内 容 提 要

本书为职业教育城市轨道交通类专业精品教材。本书主要面向城市轨道交通运营管理人员，内容围绕其日常工作涉及的车站设备展开。全书共分为9个模块、41个单元、15个典型任务，主要内容包括城市轨道交通车站设备概述、自动售检票系统、电梯与自动扶梯、站台门系统、车站消防系统、车站给排水系统、车站暖通空调系统、车站低压配电与照明系统、车站环境与设备监控系统。

本书可供高职、中职院校城市轨道交通类专业教学选用，也可供从事城市轨道交通站务、乘务、机电维修等工作的技术或管理人员参考。

* 本书配有多媒体助教课件，任课教师可加入职教轨道教学研讨群（QQ 群号：129327355）获取。

图书在版编目（CIP）数据

城市轨道交通车站设备/白继平,仇海兵主编. —4 版.
北京：人民交通出版社股份有限公司,2024.11.
ISBN 978-7-114-19556-3

Ⅰ．U239.5

中国国家版本馆 CIP 数据核字第 2024WH1586 号

职业教育·城市轨道交通类专业精品教材

书　　名：	城市轨道交通车站设备（第4版）
著 作 者：	白继平　仇海兵
责任编辑：	袁　方
责任校对：	赵媛媛　魏佳宁
责任印制：	刘高彤
出版发行：	人民交通出版社
地　　址：	(100011)北京市朝阳区安定门外外馆斜街 3 号
网　　址：	http://www.ccpcl.com.cn
销售电话：	(010)85285911
总 经 销：	人民交通出版社发行部
经　　销：	各地新华书店
印　　刷：	北京印匠彩色印刷有限公司
开　　本：	787×1092　1/16
印　　张：	15.5
字　　数：	355 千
版　　次：	2010 年 8 月　第 1 版 2010 年 8 月　第 2 版 2021 年 6 月　第 3 版 2024 年 11 月　第 4 版
印　　次：	2024 年 11 月　第 4 版　第 1 次印刷　总第 25 次印刷
书　　号：	ISBN 978-7-114-19556-3
定　　价：	48.00 元

（有印刷、装订质量问题的图书，由本社负责调换）

第4版 前·言 Preface

课程特点：

"城市轨道交通车站设备"为城市轨道交通运营管理专业的核心课程。本课程涉及车站设备方面的内容，学习本课程须在"计算机应用基础""管理运筹学"等课程的基础上进行。另外，本课程是一门认知和实践结合的课程，需要结合车站设备设施来组织教学。

教材编写背景：

教材编写组在北京地铁、京港地铁、济南地铁、武汉地铁等行业企业的支持下，根据十余年来在本专业职业教育教学改革、校企合作、企业培训实践的基础和经验，整理和深化了城市轨道交通车站设备方面的成果和经验，再结合第3版的使用反馈意见，编写了这本教材。

第4版的内容结构：

本教材包括了9个模块、41个单元、15个典型任务，主要介绍了城市轨道交通车站设备概述、自动售检票系统、电梯与自动扶梯、站台门系统、车站消防系统、车站给排水系统、车站暖通空调系统、车站低压配电与照明系统、车站环境与设备监控系统。

在经历十几年的使用和3次改版，本教材在吸取广大使用教材的教师与专家的意见和建议以及职业教育教学校企联合、"三教"改革和体现"工学结合、理实一体化"等教改思路的基础上，以"模块—单元"的形式修订，大部分模块增加了"典型任务"和"教学附件包"；而理论教学内容中穿插了"二维码教学视频与动画""知识链接""想一想""历史知识""前沿技术""小贴士""疑惑解答""做一做"等板块，以激发学生学习兴趣；教材辅以教学课件和城市轨道交通专业数字化资源库等教学资源，帮助教师学习、备课和提高教育教学质量。

教材编写分工：

本教材由浙江交通职业技术学院白继平、天津骥腾科技有限公司仇海兵（原北京交通运输职业学院教师）担任主编，武汉铁路职业技术学院汪成林、贵州交通职业大学郑锂、济南工程职业技术学院魏九妹、浙江交通职业技术学院叶飞担任副主编，山东职业学院曹竣凯、北京交通运输职业学院曲秋莳担任参编。全书由呼和浩特市地铁运营有限公司佟关林担任主审。

可与本教材配合使用的教学资源：

● 教学课件

本教材配套多媒体课件，以供相关任课教师教学参考，有需求者可加入职教轨道教学研讨群（教师专用QQ群：129327355，也可扫描右侧二维码加入）向人民交通出版社管理员编辑获取。

● 城市轨道交通专业数字化资源库

该资源库由全国交通运输职业教育教学指导委员会、城市轨道运输专业指导委员会与人民交通出版社共同立项，主要面向城市轨道交通专业方向的院校和师生。该资源库包括"城市轨道交通车站设备"中关键知识点的数字化教学资源，包括动画、视频、教案、课件、课程标准、习题库、案例库等，相关资源目录及内容介绍可扫描右侧二维码了解。有需求者可咨询人民交通出版社钱堃、司昌静编辑（电话：010-85285867）。

致谢：

本教材经过3次修编，我们的编写团队也进行了调整和优化。在修编过程中，广大使用教材的教师与行业专家提出了宝贵意见和建议，在此谨向他们表示感谢。同时，向为本教材出版和配套工作付出努力的人民交通出版社表示感谢。

最后，希望有关院校师生及读者对本教材多提宝贵意见，以便及时修订与完善。联系邮箱：52966525@qq.com。

编 者

2024年9月

目 录

模块 1　城市轨道交通车站设备概述 ··· 001
  单元 1.1　城市轨道交通车站概念及分类 ··· 001
  单元 1.2　城市轨道交通车站主要设备 ·· 009
    【典型任务 1-1】　城市轨道交通车站认知 ··· 016
  复习思考题 ·· 016

模块 2　自动售检票系统 ·· 018
  单元 2.1　自动售检票系统业务管理 ··· 019
  单元 2.2　自动售检票系统架构 ·· 023
    【典型任务 2-1】　自动售检票系统认知 ·· 025
  单元 2.3　车站终端设备的原理及操作方法 ·· 026
    【典型任务 2-2】　自动检票机认知 ·· 033
    【典型任务 2-3】　自动售票机认知 ·· 041
    【典型任务 2-4】　半自动售票机认知 ··· 049
  复习思考题 ·· 052

模块 3　电梯与自动扶梯 ··· 054
  单元 3.1　车站出入口、楼梯、自动扶梯概述 ·· 054
  单元 3.2　电梯构造及原理 ··· 057
  单元 3.3　电梯常规操作及常见故障处理方法 ·· 060
    【典型任务 3-1】　电梯系统认知 ··· 063
  单元 3.4　自动扶梯构造及原理 ··· 064
  单元 3.5　自动扶梯的操作及应急处理方法 ··· 069
    【典型任务 3-2】　自动扶梯系统认知 ··· 072
  复习思考题 ·· 073

模块 4　站台门系统 ·· 075
  单元 4.1　站台门系统概述 ··· 075
  单元 4.2　站台门机械结构 ··· 079

【典型任务4-1】　站台门认知 ·· 084
　单元4.3　站台门控制系统 ·· 084
　单元4.4　站台门监视系统 ·· 090
　单元4.5　站台门的基本操作 ·· 091
　单元4.6　站台门故障处理 ·· 094
　　【典型任务4-2】　站台门操作及故障处理 ························ 096
　复习思考题 ·· 097

模块5　车站消防系统 ·· 099
　单元5.1　车站消防概述 ·· 099
　单元5.2　火灾自动报警系统 ·· 107
　单元5.3　自动灭火系统 ·· 112
　　【典型任务5-1】　车站消防系统认知 ······························ 117
　单元5.4　车站火灾救援 ·· 117
　　【典型任务5-2】　车站火灾应急处理 ······························ 121
　复习思考题 ·· 122

模块6　车站给排水系统 ·· 124
　单元6.1　车站给排水系统概述 ·· 124
　单元6.2　车站给水系统 ·· 125
　单元6.3　车站排水系统 ·· 127
　单元6.4　车站给排水系统的主要设备 ································ 129
　单元6.5　车站给排水系统日常巡检及应急处理 ·················· 132
　　【典型任务6-1】　车站给排水系统应急处理 ···················· 136
　复习思考题 ·· 136

模块7　车站暖通空调系统 ·· 138
　单元7.1　车站暖通空调系统概述 ······································ 138
　单元7.2　车站暖通空调系统的组成 ···································· 141
　单元7.3　车站暖通空调系统控制 ······································ 149
　单元7.4　车站暖通空调系统的设备介绍 ···························· 152
　　【典型任务7-1】　车站暖通空调系统认知 ······················ 158
　复习思考题 ·· 159

模块8　车站低压配电与照明系统 ···································· 161
　单元8.1　车站低压配电与照明系统概述 ···························· 161
　单元8.2　车站低压配电系统 ·· 164

单元 8.3　车站低压配电系统设备简介 ··· 167

单元 8.4　车站照明系统 ··· 170

单元 8.5　车站低压配电与照明系统日常维护 ··································· 179

　　【典型任务 8-1】　车站低压配电与照明系统认知 ···························· 180

　复习思考题 ·· 181

模块 9　车站环境与设备监控系统 ·· 182

单元 9.1　车站环境与设备监控系统结构功能 ····································· 183

单元 9.2　车站环境与设备监控系统监控范围 ····································· 185

单元 9.3　车站环境与设备监控系统特性 ·· 187

单元 9.4　车站环境与设备监控系统运行基本原则 ································· 188

单元 9.5　车站环境与设备监控系统的时间表机制 ································· 190

单元 9.6　车站环境与设备监控系统设备监控 ····································· 191

单元 9.7　车站环境与设备监控系统运行模式 ····································· 196

　　【典型任务 9-1】　车站环境与设备监控系统认知 ···························· 198

　复习思考题 ·· 198

附录 1　城市轨道交通行业常用术语的中英文对照 ································· 200

附录 2　本教材配套视频及动画资源清单 ·· 203

附录 3　"城市轨道交通车站设备"课程参考标准 ··································· 204

参考文献 ··· 208

模块 1
城市轨道交通车站设备概述

教学目标

1. 了解城市轨道交通车站。
2. 掌握城市轨道交通车站的具体功能及分类。
3. 了解城市轨道交通车站的设备配置。
4. 掌握城市轨道交通车站主要设备的功能。

建议学时

4 学时

单元 1.1　城市轨道交通车站概念及分类

城市轨道交通车站是客流的节点;是乘客出行的基地,即乘客上、下车以及车站工作人员的相关作业办理都是在车站进行的;是列车到发、通过、折返、临时停车的地点。

一、城市轨道交通车站的概念

城市轨道交通车站是城市轨道交通路网中一种重要的建筑物,它是供乘客乘降、换乘和候车的场所。城市轨道交通车站应保证乘客方便、安全、迅速地进出,并有良好的通风设施、照明设施、卫生设施、防灾设备等,为乘客提供舒适的乘车环境。

城市轨道交通车站多设置在城市内部,往往具有浓厚的地方特色,是城市建筑艺术整体的一部分。一条线路上各车站在结构和建筑艺术上,既有共性,又有个性。杭州地铁车站如图 1-1 所示。

图 1-1　杭州地铁车站

二、城市轨道交通车站的构成

城市轨道交通车站的行车作业流程相对简单,不办理货运和列车编组作业,也很少办理越行和会让等作业,但是其控制结构设计、施工方法要比铁路车站更为复杂。

城市轨道交通车站一般由车站主体(如站台、站厅、设备用房等)和车站附属建筑物(如出入口及通道、风亭等)两部分构成。

1. 车站主体

城市轨道交通车站主体是列车的停车点,它既是供乘客上下车、集散、候车的场所,也是办理运营业务和设置运营设备的地方。根据使用功能的不同,车站主体可分为乘客使用区和车站使用区两大部分。

(1)乘客使用区

乘客使用区是直接为乘客提供乘降、集散和候车服务的地方,是车站构成中的一个重要部分,其设计代表着一座城市的风格与特色。

乘客使用区根据服务环节可分为多种功能区域,如出入口区、售票区、检票区、信息服务区、楼梯区、乘降区等。其中,售票区、检票区、信息服务区、乘降区等提供票务、信息和乘车等客运服务的区域称为服务区域,出入口区、楼梯区等连接不同厅层和服务区域的区域称为连接区域。

乘客使用区根据乘车权限可分为付费区和非付费区。站厅层检票闸机以内区域和站台层属于付费区,站厅层检票闸机以外区域及出入口和通道层属于非付费区。非付费区与出入口及通道相连,以检票闸机为界限,乘客在该区域无乘车权限。在该区域内会设置售票区、查询区、银行 ATM(自动取款机)、公用电话等公共设施。

(2)车站使用区

车站使用区主要供车站工作人员使用,直接或间接地为列车运行和乘客提供服务。车站使用区一般分别设在站厅层和站台层的两端,包括运营管理用房、设备用房和辅助用房 3 部分。其中,运营管理用房主要包括站长室、行车值班室、会议室、公安安全室、清扫员室等,用于保证车站正常运营和维持营业秩序;设备用房主要包括环控室、变电所、信号室、泵房、票务室及附属用房等,这些用房与乘客无直接关系,一般设在离乘客使用区较远的地方;辅助用房主要包括卫生间、储藏室、茶水间、会议室等,是为了保障车站内部工作人员正常工作和生活所设置的地方。

2. 车站附属建筑物

车站附属建筑物所涉及的地面站房、出入口及风亭均须结合所在地区城市规划,其地面部分的立面设计要做到简洁、大方,与周围环境相协调。出入口及通道是供乘客进、出车站的建筑设施,出入口的数量应根据车站情况并按照车站远期预测客流量计算确定,一般不宜少于 4 个。风亭是城市轨道交通车站及区间隧道与外界进行空气交换的端口,是城市轨道交通通风空调系统不可缺少的部分。每一个区间段或车站附近都需设置 3~8 个风亭。

三、城市轨道交通车站的分类

1. 按车站与地面的相对位置分类

根据车站与地面的相对位置,车站可以分为地面车站、地下车站和高架车站,如图1-2所示。

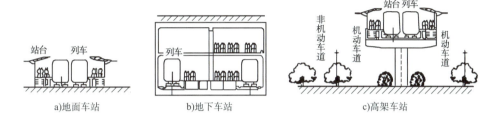

图1-2 城市轨道交通车站示意图

(1)地面车站

地面车站设置在地面,其建筑风格应与周围的环境相协调,一般建于道路比较宽广的路段。鉴于此,地面车站可不考虑环控系统,如图1-3所示。

(2)地下车站

地下车站一般由地面出入口、中间站厅和地下站台3个主要部分组成,如图1-4所示。

图1-3 地面车站　　　　图1-4 地下车站

①地面出入口。地面出入口既是车站的门户,也是客流集疏的第一通道。

②中间站厅。为了不占用地面空间,地下车站的中间站厅一般设在地下一层,其主要功能包括:集散客流,提供售检票服务,设置管理与设备用房。

③地下站台。地下站台设在地下二层,由站台与线路(股道)、乘降设备等组成,是供列车停靠、乘客乘降的功能层。

(3)高架车站

高架车站一般位于中心城外的地面上,其建筑风格应与周围的环境相协调。高架车站一般建于城市道路的中心线,也可设置在绿化隔离带,从人行道进入高架车站的楼梯、天桥兼具过街人行天桥的作用。由于道路面积有限,可考虑将设备用房设置在路边。由于高架车站设置在地面上,可不考虑环控系统,如图1-5所示。

2. 按运营功能分类

车站根据运营功能可分为中间站、区域站、换乘站、枢纽站、联运站和终点站,如图1-6所示。

图1-5 高架车站

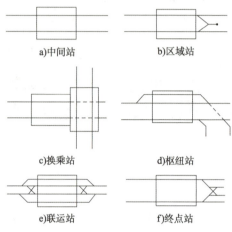

图1-6 城市轨道交通车站运营功能示意图

(1) 中间站

中间站是城市轨道交通线路中最常见的一种车站,其功能单一,仅供乘客上、下车使用。少数中间站还设置具备临时停车功能的配线,以便在列车出现故障时及时进行行车调整。

(2) 区域站

区域站,又称为折返站,指可以"之"字形改变列车运行方向并会让列车的车站,设置在两种不同行车密度交界处,站内设有折返线及设备。根据客流量大小合理地组织列车运行,可在两个区域站之间的区段上增加或减少行车密度。根据折返线与车站的相对位置,区域站可以分为站前、站后和站前站后混合设置等折返形式。

(3) 换乘站

换乘站是供乘客在不同线路之间、在不离开车站付费区及不另行购买车票的情况下进行跨线乘车的车站。

(4) 枢纽站

枢纽站是多种交通工具集中,上、下车和换车的乘客多,各条线路的站点比较集中,用于实现交通方式转换的车站。枢纽站的布置应注意乘客、行人和车辆的安全,尽量使换车乘客不穿越行车道且步行距离最短。

(5) 联运站

联运站内设有两种不同性质的列车线路进行联运及客流换乘。联运站具有中间站及换乘站的双重功能。

(6) 终点站

终点站是指设置在线路两端的车站。就列车而言,终点站也是起点站。终点站可提供列车全部折返的折返线和设备,也可供列车临时停车检修。

3. 按站台形式分类

按站台形式,车站一般可分为岛式站台车站、侧式站台车站和岛侧混合式站台车站。城市轨道交通车站站台形式示意图如图1-7所示。

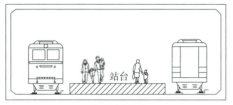
a)岛式站台车站

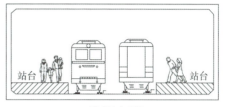
b)侧式站台车站

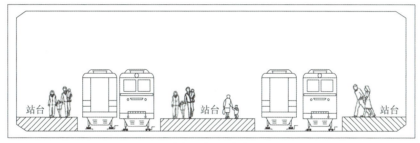
c)岛侧混合式站台车站

图1-7　城市轨道交通车站站台形式示意图

(1)岛式站台车站

站台位于上、下行车线路之间,这种站台布局形式称为岛式站台。具有岛式站台的车站称为岛式站台车站(简称岛式车站),如图1-8所示。

a)岛式站台车站(地上)

b)岛式站台车站地下

图1-8　岛式站台车站

(2)侧式站台车站

站台位于上、下行车线路的两侧,这种站台布局形式称为侧式站台。侧式站台上行与下行的乘客分别在各自的站台上、下车,不会发生混合。具有侧式站台的车站称为侧式站台车站(简称侧式车站),如图1-9所示。

(3)岛侧混合式站台车站

岛侧混合式站台是指将岛式站台及侧式站台同设在一个车站内。具有这种站台布局形式的车站称为岛侧混合式站台车站(简称岛侧混合式车站),如图1-10所示。

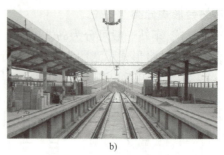

图1-9 侧式站台车站

4. 按结构横断面形式分类

按结构横断面形式,车站一般可分为矩形断面车站、拱形断面车站、圆形断面车站和其他类型断面车站,如图1-11~图1-17所示。

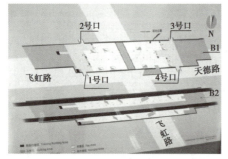

图1-10 岛侧混合式站台车站

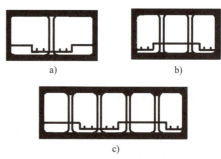

图1-11 矩形断面车站示意图

a)巴黎市政府站

b)北京地铁站

图1-12 矩形断面车站

a)巴黎大学站

b)北京地铁天安门西站

图1-13 拱形断面车站

图 1-14　圆形断面车站示意图

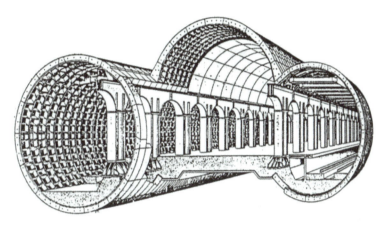

图 1-15　圆形断面车站

图 1-16　其他类型断面车站——马蹄形断面车站示意图

图 1-17　广州越秀公园站(马蹄形断面车站)

5. 按换乘布局分类

按两条城市轨道交通线路交汇下换乘站的换乘布局,车站可分为"十"字形换乘车站、"L"形换乘车站、"T"形换乘车站,如图 1-18～图 1-22 所示。

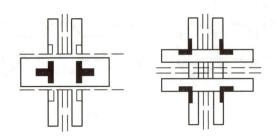

图 1-18 "十"字形换乘车站示意图

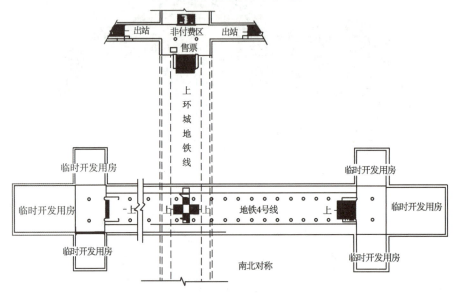

图 1-19 北京西直门站("十"字形换乘车站)

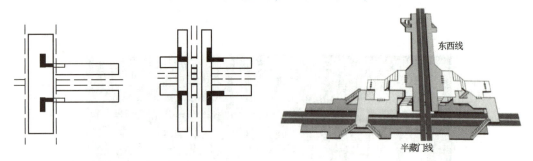

图 1-20 "T"形换乘车站示意图　　图 1-21 东京九段下车站("T"形换乘车站)

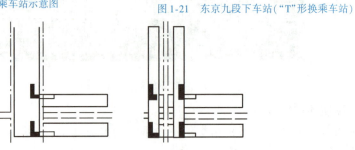

图 1-22 "L"形换乘车站示意图

单元 1.2　城市轨道交通车站主要设备

城市轨道交通车站主要设备包括自动售检票系统、电梯与自动扶梯系统、站台门系统、车站消防系统、车站给排水系统、车站暖通空调系统、低压配电与照明系统、车站环境与设备监控系统等。系统和设备选用要考虑其可靠性、安全性、稳定性、先进性、可扩展性、开发性、交互性、经济性和易于维护性等主要性能指标。

一、自动售检票系统

自动售检票（Automatic Fare Collection，AFC）系统是建立在计算机局域网基础上的实时控制处理系统，集计算机网络技术、数据库管理技术、自动控制技术于一体，包括自动售票机（图1-23）和自动检票机（闸机）（图1-24）。对售票、检票过程进行计算机管理，可以大大提高数据的可靠性和员工的工作效率，为科学的财务管理和决策管理提供准确的依据。

图1-23　自动售票机

图1-24　自动检票机（闸机）

自动售检票系统的主要特点如下：

（1）在原有人工售票的基础上，增设自动售票机，实现乘客自助购票，不仅减少了排队的人数和时间，还减轻了售票人员的工作量，使乘车收费更趋合理，提高了城市轨道交通车站的运营效率和效益。

（2）增加自助查询机数量，方便乘客自助查询。

（3）增设一卡通自动充值，实现自助充值，大大减少了现金流通，可避免人工售票过程中产生的各种漏洞和弊端。

（4）对客流量、运营收入等综合业务信息进行汇总分析，有利于增强决策者的客流分析预测能力。

（5）相比人工售检票，城市轨道交通车站自动售检票系统的运行效率已有很大提高，但遇客流高峰时，城市轨道交通车站的拥堵现象依然比较严重。目前国内大部分城市（如杭州、上海等)已将移动支付应用在地铁售票中。

自动售检票系统是城市轨道交通重要的子系统之一。它经历了从人工售检票到半自动售检票,再到自动售检票的过程,系统日趋完善。根据系统的动态性分析,城市轨道交通车站自动售检票系统未来的发展方向如下:

(1)标准化。统一系统设备及终端设备,使系统互联互通,采用统一的车票媒介,实现不同线路之间的便捷换乘。

(2)简单化。将复杂的自动售检票系统通过系统集成来简化乘客的使用操作。通过人性化设计,提高设备的操作效率,更好地实现系统架构。

(3)人性化。根据人体工程学基本原理设计终端设备的人机界面,设计符合乘客操作习惯的互动方式。

(4)集成化。采用通用件、通信和数据交换技术,构建可靠、安全、易用、可扩展、互联性高的系统架构,这是自动售检票系统的要求及发展趋势。

(5)国产化。城市轨道交通车站自动售检票系统的国产化可以摆脱对国外技术的依赖,降低运营成本。

注意:自动售检票系统详见模块2。

二、电梯与自动扶梯

在城市轨道交通车站中均设有电梯和自动扶梯,可将地面上需乘坐地铁的乘客送入车站站台处或将乘坐地铁下车的乘客送至地面。电梯和自动扶梯是城市轨道交通车站的主要运输工具,具有大运载、无障碍、快捷、舒适便利的特点。

电梯由曳引机、控制机、限速器、轿厢、井道与井底装置、总电源开关和通风设备组成。电梯按用途可分为客梯、货梯、观光梯和专用梯,按运行速度可分为低速梯、快速梯、高速梯和超高速梯,按拖曳系统可分为直流电梯和交流电梯。

自动扶梯是由一台链式输送机和两台胶带式输送机组合而成的升降传送系统,用于在建筑物的不同楼层间连续运载人员上下(图1-25)。由于结构特殊,自动扶梯无论从其造型还是从其工作特性上都与单一的链式输送机或胶带式输送机有很大的区别。自动扶梯的主要用途是解决乘客的快速疏散,即列车到达后,将大量乘客从站台向地面疏散,并满足乘客对乘降舒适度的要求。

注意:电梯与自动扶梯详见模块3。

三、站台门系统

站台门系统是一个集建筑、机械、电子、信号、控制、装饰等学科于一体的综合性门系统,设置于城市轨道交通车站站台的边缘。站台门系统主要由机械和电气两部分构成。其中,机械部分包括门体结构和门机驱动系统,电气部分包括电源系统、控制系统和监控系统。站台门从封闭形式上可分为开放式站台门和封闭式站台门。其中,开放式站台门包括全高式站台门和半高式站台门;封闭式站台门也称为"屏蔽门",如图1-26所示。

图1-25 自动扶梯

图1-26 封闭式站台门

站台门系统在整个站台长度上将站台区域与轨道区域分隔开来。当列车进出站时,站台门系统随着列车车门的开闭而自动同步开闭。其主要作用包括如下:

(1)防止乘客或物品因车站客流拥挤或其他原因落入轨道,保证列车的正常运营,为城市轨道交通实现无人驾驶创造条件。

(2)减少列车噪声及活塞风对站台候车乘客的影响,改善乘客候车环境。

(3)减少站台区与轨道区之间气流的交换,降低城市轨道交通空调系统的运营能耗。

(4)对车站整体空间布置进行简化,减少设备容量、数量、土建工程量等投资建设成本,产生良好的社会效益和经济效益。

注意:站台门系统详见模块4。

四、车站消防系统

车站消防系统包括消火栓给水系统、自动喷水灭火系统和气体灭火系统。城市轨道交通车站灭火联动控制图如图1-27所示。

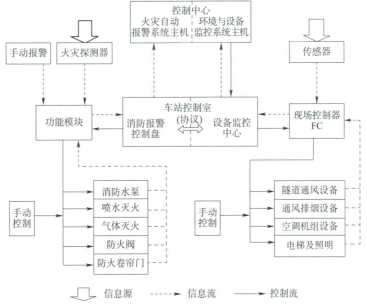
图1-27 城市轨道交通车站灭火联动控制图

1. 消火栓给水系统

一般城市轨道交通车站消防时可直接从市政自来水管网抽水加压,不设消防水池。如果当地城市管网不能满足消防要求,必须设消防泵和消防水池。在确定消防水池容积时,自动喷水灭火系统火灾延续时间按1h计,消火栓给水系统火灾延续时间按2h计,但应减去火灾延续时间内连续补充的水量。消火栓给水系统经增压后在车站内形成环网,区间隧道消防供水由相邻车站消火栓管网引入,双向区间形成环路。消火栓给水系统用水量按同一时间内发生一次火灾考虑。消火栓的水压应保证水枪充实且水柱不小于10m,栓口处的静水压力不大于0.8MPa。消火栓给水系统的服务范围与布置:除车站本身外,还包括两城市轨道交通车站之间的隧道和车站附属的各种连通通道(长度大于25m):均需布置消火栓。

消火栓的设置如下:

(1)消火栓箱的形式。根据城市轨道交通车站的建筑特点和不同的设置部位选用不同形式的消火栓箱。一般站厅层和各连通通道选用单阀单出口消火栓箱,站台层选用双阀双出口消火栓箱,弯曲隧道内消火栓箱宜设在与轨道距离较远的内侧,隧道内消火栓箱上应有电话插孔,车站及折返线消火栓箱内应设火灾报警按钮和消防泵启动按钮。

(2)消火栓箱的间距。消火栓箱的间距按2股水柱同时到达任一着火点布置。车站内消火栓箱最大间距为50m,折返线内消火栓箱最大间距为50m,区间内消火栓箱最大间距为100m。

(3)水泵结合器。城市轨道交通车站出入口或风亭口应设置水泵结合器,并在40m范围内设置室外消火栓。

(4)消防泵应具有自动巡检功能。因为消防泵平时很少运行,为加强消防泵给水的可靠性,要求消防泵具有自动巡检功能。在设定的时间周期内自动启动消防泵,对消防泵的运行进行检查,有利于及时了解消防泵的实际性能,解决消防泵的锈蚀问题,保持消防泵的良好工况。

2. 自动喷水灭火系统

以往不设置地下商场的城市轨道交通车站,一般不设置自动喷水灭火系统。在韩国的大邱地铁火灾事故发生后,为进一步提高消防安全,我国所有城市轨道交通车站必须设置自动喷水灭火系统。火灾危险等级按中危险级Ⅱ级考虑。其特点是:自动喷水灭火系统干管坡度宜与站厅层、站台层顶板坡度一致,有利于降低吊顶高度和系统排水。

3. 气体灭火系统

气体灭火系统一般设置在地下变电所的重要设备间、车站通信及信号机房、车站控制室、控制中心的重要设备间和发电机房等。这些设备昂贵,一旦发生火灾,将影响整个城市轨道交通的安全运营。

目前,国内上海地铁2号线、上海共和新路高架工程、广州地铁2号线等均选用了INERGEN(烟烙尽)气体灭火系统。烟烙尽是由氮气、氩气、二氧化碳以52:40:8的体积比例混合而成的一种灭火剂。烟烙尽的3个组成成分均为不活泼气体,为大气的基本成分。烟烙尽气体无色、无味,不导电,不腐蚀,无环保限制,在灭火过程中无任何分解物。其灭火原理为稀释氧气,窒息灭火。气体喷放时环境温度变化小,且不影响能见度。

（1）气体灭火系统的基本要求

①该系统要同时具有自动控制、手动控制和机械应急操作3种启动方式。

②灭火剂能在尽可能短的时间内喷放到防护区内，并迅速均匀分布，达到要求的灭火浓度。

③防护区应封闭良好，防止灭火剂流失，并能保持灭火浓度。

④保护区不宜开口，保护区内与其他空间相通的开口（除泄压口外）应能在灭火剂喷放前自动关闭，否则应将保护区扩大至与之相通的空间。

⑤对密闭良好的保护区应设置泄压口，泄压口应设置在保护区室内净高2/3高度以上，且应高于保护对象，并宜设在外墙上。

⑥若保护区设有外开门弹性闭门器或弹簧门，开口面积应不小于泄压口的计算面积，该保护区可不另设泄压口。

（2）气体灭火系统的组成

烟烙尽气体灭火系统主要由烟/温感探测系统、钢瓶组件（包括释放阀等）、集流管、止回阀、选择阀、减压孔板、管道、喷头、报警装置和控制盘等部分组成。

（3）气体灭火系统的主要设计参数

当温度为32℃时，最大设计灭火浓度为42.8%；当温度为16℃时，最小设计灭火浓度为37.5%。

（4）气体灭火系统的缺点

①喷射时噪声大。

②以气态方式储存，储存瓶组较多。

③储存压力大，常温下为15MPa，高压增加了危险性，也相对容易泄漏，对管道材料以及安装、维护水平要求较高。

④该系统主要设备元件目前为进口产品，造价较高。

注意：车站消防系统详见模块5。

五、车站给排水系统

城市轨道交通车站所在地一般为城区，周围有较完善的市政给水管网，以市政自来水为供水水源。每个车站将两条不同的城市自来水管引入消防和生活、生产给水管，采用生活、生产用水和消防用水分开的给水系统，分别设置水表及阀门井。水压按卫生器具用水要求和生产用水要求确定。城市轨道交通车站用水量包括车站工作人员生活用水量、车站冲洗用水量、环控系统所需冷却补充水量。城市轨道交通车站大多位于地下，市政水压一般能满足生产、生活给水系统的水压要求，采用市政给水直接供水给水系统。生产、生活给水管在站厅层及站台层呈枝状布置，满足各用水点要求。

城市轨道交通车站、区间的污水和废水及雨水均应就近排入市政排水系统，污水应按规定处理达标后排放。地下车站及地下区间应设置废水泵房、污水泵房和雨水泵房。车站废水包括消防废水、冲洗废水、事故排水、结构渗漏水等，这些废水均通过线路排水沟汇流集中到线路区段坡度最低点处的废水泵站集水池内。车站污水主要指车站内卫生间生活污水。

在折返线车辆检修坑端部、出入口和局部自流排水有困难的场所需设置局部排水泵房,在地铁隧道及敞开出入口处应设雨水泵房。

注意:车站给排水系统详见模块6。

六、车站暖通空调系统

车站暖通空调系统是通过对影响环境的空气温度、空气湿度、空气流速和空气品质等主要因素的控制,来创造一个使城市轨道交通车站设备正常运转、人员安全舒适的人工环境。

1. 暖通空调系统的主要功能

暖通空调系统的主要功能如下:

(1)在列车正常运行时,排除余热、余湿,为人员提供所需的新风量,为乘客和工作人员提供一个适宜的人工环境,满足站内各种设备正常运转所需的温度、湿度要求。

(2)当列车阻塞在区间隧道时,向阻塞区间提供一定的通风量,保证列车空调等设备正常工作,维持车厢内乘客在短时间内能接受的环境条件。

(3)当发生火灾事故时,提供迅速、有效的排烟手段,为乘客和消防人员提供足够的新鲜空气,并形成一定的迎面风速,引导乘客安全、迅速地撤离。

2. 暖通空调系统的组成

暖通空调系统主要由以下4部分组成:区间隧道机械通风(兼排烟)及活塞风系统,简称隧道通风系统;车站公共区部分(站厅、站台、人行通道)的空调、通风(兼排烟)系统,简称车站大系统;车站管理用房及设备用房的空调、通风(兼排烟)系统,简称车站小系统;车站制冷供冷系统,简称车站空调水系统。

注意:车站暖通空调系统详见模块7。

七、车站低压配电与照明系统

车站低压配电与照明系统在城市轨道交通中具有举足轻重的作用,其可靠性和安全性决定了通信、信号、环境与设备监控系统(Building Automatic System,BAS,简称环控系统)、自动售检票系统、FAS(火灾报警系统)及消防系统等的运行质量,尤其在非正常工况状态下,它是城市轨道交通正常运营不可缺少的重要保障。城市轨道交通供电电源一般取自城市电网,高压电通过输送或变换,以适当的电压等级供给设备,以保证电源的供应。

根据用电性质不同,城市轨道交通供电系统分为两部分,即以牵引变电所为主组成的牵引供电系统和以降压变电所为主组成的低压配电与照明系统。

(1)牵引供电系统经由牵引变电所,将城市电网的中压配电降压、整流后转换为城市轨道交通需要的750V或1500V的直流电传递给接触网,以提供列车动力电源。

(2)低压配电与照明系统则是以降压变电所为基础,将城市电网10kV中压配电降压为380V/220V或660V/380V的低压电,包含低压配电系统和照明系统两个子系统。低压配电与照明系统是城市轨道交通供电系统的重要组成部分,主要作用是为低压设备提供和分配电能。

注意:车站低压配电与照明系统详见模块8。

八、车站环境与设备监控系统

为了实现对各车站设备进行有序的联动控制和监视,在城市轨道交通车站及控制中心设置了被称为环境与设备监控系统的自动控制系统,对城市轨道交通建筑物及隧道内的环境与空气调节及暖通空调系统、给排水系统、照明系统、乘客导向系统、站台门系统、自动扶梯及电梯等系统和建筑设备进行集中监视、控制和管理。它实现的最终目标是:保障车站的正常运营,创造舒适的车站环境;在灾害情况下,实现灾害模式控制及联动控制,保证人员和设备安全,尽量减少损失;提高车站设备管理的自动化水平,降低能源能耗,降低车站运营成本。

车站环境与设备监控系统具有的基本功能如下:

(1)具有中央和车站二级监控功能。控制中心为主控级,车站为分控级。其控制命令从中央工作站、车站工作站和车站紧急控制盘人工发布或由程序自动判定执行,并具有越级控制功能记忆所需的各种控制手段,对设备操作的优先级遵循"人工高于自动"的原则。

(2)具有执行防灾及阻塞模式功能。能接收车站火灾信息,执行车站防烟排烟模式;能接收列车区间停车位置信号,根据列车火灾部位信息,执行隧道防排烟模式;等等。

(3)具有环境监控与节能运行管理功能。通过对环境参数的检测,对能耗进行统计分析,控制通风、空调设备优化运行;通过调整城市轨道交通整体环境的舒适度,降低能源消耗。

注意:车站环境与设备监控系统详见模块9。

前沿技术 全球首座 AI 智慧车站在广州地铁落成

2019年9月9日,全球首座 AI 智慧车站——广州地铁 21 号线天河智慧城示范站(图 1-28)正式落成! 天河智慧城示范站是全球首个基于智慧车站理念全新设计并正式投入运营的地铁车站,标志着我国在智慧地铁建设方面走在了时代的前沿。

广州地铁 21 号线天河智慧城示范站围绕客运服务、安全、监控等工作部署了智能化设备,主要包括如下:

(1)一体化智能安检闸机。该设备实现了票务、安检一体通过,提高了乘客的通行效率。

图 1-28 广州地铁 21 号线天河智慧城示范站

(2)刷脸闸机。乘客可以通过地铁乘车码小程序或 App 实名注册个人信息,并绑定支付方式,实现无感通行。

(3)智能信息屏。在站台门前等车时,智能信息屏显示等车时间、车厢客流密度,帮助乘客选择合适的车厢。

(4)智能客服机器人——"悠悠"。该设备能回答乘客的各种问题,并提供一键呼叫人工服务。

(5)智慧安检机。该设备除了探测日常随身携带的金属物品,还能对非金属物质进行探测,并实时显示物品形状和位置,自动预警疑似危险物品。

(6)智能客服中心。即使客服人员暂时离开,乘客也能在智能客服中心上自助办理业务,系统还能自动向受影响乘客群体推送告知信息。

(7)智能边门。该设备基于人脸识别和指静脉识别技术,为特殊乘客及授权员工提供便捷进出站功能。

(8)智慧地铁大平台。该设备运用自主研发的技术,实现了车站运营的实时监测,包括微观客流、热点客流密度、车厢客流密度、电扶梯运行状态等。

素质提升:AI智慧车站的落成展示了我国在轨道交通领域的自主创新能力,体现了国家创新驱动发展战略的成效。作为新时代的大学生,有必要深入理解和认同国家战略,建立跨学科知识体系,培养自主学习和自我更新的能力,提升创新思维和实践能力,以更好地适应未来轨道交通行业的发展需求。

【典型任务 1-1】 城市轨道交通车站认知

1. 任务描述

(1)了解城市轨道交通车站的分类方法,确定车站类型,明确车站的业务分布。

(2)熟悉城市轨道交通车站的构成及主要功能区的作用和设备,能有效地指导和帮助乘客快速集散。

2. 任务实施

(1)将授课班级学生分组,每5~8人为一个学习小组。

(2)实地调研或网络查阅自己所在城市的某条线路,按照车站分类方法,汇总该线路各个车站所属类型,完成本教材附表1-1"典型任务实训工单"的填写。

(3)针对某个车站,分析和阐述城市轨道交通车站的主要功能区的作用、主要功能区设备的特点和要求,通过现场拍照或者查阅网络资料等方式制作PPT,以小组为单位进行汇报。

复习思考题

一、选择题

1. 城市轨道交通车站一般由( )两部分组成。
   A. 设备用房　　　　　　　　B. 车站主体
   C. 车站附属建筑物　　　　　D. 出入口

2. 根据车站与地面的相对位置关系,车站可分为( )。
   A. 地上车站　　B. 地下车站　　C. 高架车站　　D. 地面车站

3. 城市轨道交通车站按站台形式可分为( )。
   A. 岛式站台车站　　　　　　B. 侧式站台车站
   C. 岛侧混合式站台车站　　　D. 中间站

4. 车站根据运营功能,可以分为(　　)。
   A. 中间站　　　B. 折返站　　　C. 换乘站　　　D. 枢纽站
   E. 联运站　　　F. 终点站
5. 车站消防系统包括(　　)。
   A. 消火栓系统　　　　　　　　B. 自动喷水灭火系统
   C. 环控系统　　　　　　　　　D. 气体灭火系统
6. 车站给排水系统中废水主要包括(　　)。
   A. 消防废水　　　　　　　　　B. 地面冲洗废水
   C. 事故废水　　　　　　　　　D. 结构渗漏水

二、判断题

1. 地面车站设在地面上,建筑风格与周围的环境相协调,其大小不受地面空间资源限制。（　　）
2. 城市轨道交通车站是城市建筑艺术整体的一个有机组成部分。（　　）
3. 车站出入口的数量应根据城市轨道交通车站情况并按照车站远期预测客流量计算确定,一般不宜少于两个。（　　）
4. 折返站可以分为站前、站后、站前站后混合设置等折返形式。（　　）
5. 地面车站和高架车站可以不考虑环控系统。（　　）
6. 联运站具有换乘站及枢纽站的双重功能。（　　）
7. 当采用屏蔽门式系统时,车站与区间隧道完全相通,城市轨道交通的运行速度与方向直接影响到城市轨道交通周围的空气参数与温度范围。（　　）

三、简答题

1. 简述城市轨道交通车站的概念及分类。
2. 简述车站站台门系统的主要功能和特点。
3. 简述自动扶梯的组成及优缺点。
4. 简述车站环控系统的组成。

模块 2
自动售检票系统

教学目标

1. 掌握自动售检票系统的概念。
2. 了解自动售检票系统的架构及运营模式。
3. 掌握自动检票机、自动售票机、半自动售票机、自动查询机的结构组成及其结构功能。
4. 掌握自动检票机、自动售票机、半自动售票机、自动查询机的常规操作及基本故障处理。

建议学时

10 学时

 想一想

我们每次在乘坐地铁的过程中,购票、充值、刷卡进站等操作与哪些设备有关?

自动售检票系统是实现城市轨道交通售票、检票、计费、收费、统计、清分、管理等全过程的自动化集成系统,主要包括清分中心(AFC Clearing Center,ACC)系统、线网中心(Line Center,LC)系统、车站计算机(Station Computer,SC)系统、车站终端设备(Station Level Equipment,SLE)和乘车凭证。开通互联网票务服务的,还应包括互联网票务平台。自动售检票系统的具体架构层级可根据新技术应用和线网运营管理需要进行调整和优化。现将上述各系统介绍如下:

(1)清分中心系统是用于发行和管理城市轨道交通专用票,对不同线路的票款以及城市轨道交通线网内其他乘车凭证的乘用消费进行清分和结算的计算机系统。

(2)线网中心系统是用于监控和管理城市轨道交通单线路或多线路自动售检票系统的计算机系统。

(3)车站计算机系统是用于车站票务处理、运行管理和客流统计的计算机系统。

(4)车站终端设备是用于售票、检票、退票、补票、充值等交易处理的车站设备,主要包括售票设备和检票设备。

①售票设备是用于现场发售、赋值有效乘车凭证,具备售票、退票、补票、充值等票务处理功能的车站设备,主要包括自动售票机(Ticket Vending Machine,TVM)、半自动售票机

(Booking Office Machine,BOM)等。自动售票机除具备售票功能外,可根据需要集成充值等功能。半自动售票机除具备售票、退票和补票功能外,可根据需要集成充值等功能。

②检票设备是用于现场检验和处理乘车凭证,以及放行或阻挡乘客出入付费区的车站设备,主要包括自动检票机(Automatic Gate Machine,AGM)等。

(5)乘车凭证是可在城市轨道交通线网中使用的票务凭据,主要包括:①实体票卡,主要有轨道交通专用票(包含计程票、计次票、定期票等)、一卡通卡、金融IC卡等;②虚拟票卡,主要有二维码车票、NFC(近场通信)虚拟卡等。

(6)互联网票务基于二维码车票、NFC虚拟卡等介质,利用互联网实现虚拟化、数字化乘车凭证乘车的运营业务。互联网票务平台是对互联网票务使用和运营进行管理的计算机系统。

单元2.1 自动售检票系统业务管理

一、自动售检票系统概述

自动售检票系统通过计算机技术、现代通信网络技术、自动控制技术、智能卡技术、大型数据库技术、传感技术、统计和财务等专业知识的综合运用,特别是信息技术的运用,大大减少了票务工作人员的劳动强度,使乘车收费更趋于合理,减少了逃票现象的发生,提高了运营效率和收益。同时,自动售检票系统可以大大减少现金流通,避免人工售票、检票过程中产生的各种漏洞和弊端,并对客流量、运营收入等综合业务信息进行汇总分析,增强了决策者客流分析预测的能力、合理调配资源的能力,提高了运营单位的经营管理水平。自动售检票系统信息技术和知识领域如图2-1所示。

对自动售检票系统的总体要求有以下8个方面:

(1)应建立全线网统一的功能、接口、人机界面等技术要求,实现系统互联互通、兼容共享,满足网络化运营需要。车站终端设备以及车票发售与回收模块、纸币处理模块、闸门及通行控制装置等专用模块的安装尺寸、硬件配置、接口要求宜支持物理互换和逻辑互换。

(2)应选用满足功能需求、技术经济合理、标准化、系列化的成熟产品,避免因系统缺陷、备品备件短缺、技术支撑不足等影响运营期间正常使用。

(3)应实现乘客在城市轨道交通线网内一票乘车,满足线网各种运行模式下的使用需求,为票务管理、客流疏导、客流统计分析等提供保障。

(4)应具备与火灾报警系统、通信时钟系统(CLK)、综合监控系统(ISCS)以及公共交通一卡通管理系统等其他相关系统的接口。

(5)人机界面应具有中、英文显示功能,工作站操作界面采用中文显示,易于运行监控和操作;界面显示元素、字体、颜色应简洁直观、清晰明确,显示状态变化时不应有断续卡滞、无序重叠。

(6)设备运行状态、故障及报警信息应含义明确,便于监视、跟踪和分析,关键设备应冗余设置,重要数据应自动备份。

(7)应具有可维护性,并满足国家标准、地方标准和行业标准中的相关要求。

(8)应具备故障分级报警功能,不同等级的报警应使用不同颜色区分。

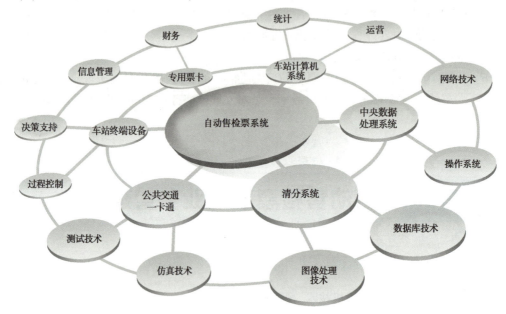

图2-1 自动售检票系统信息技术和知识领域

我国城市轨道交通自动售检票系统的发展历程

20世纪80年代末,上海地铁开始自主研制城市轨道交通自动售检票系统,并在上海地铁1号线的徐家汇等车站成功试用。经过40多年的建设和发展,我国城市轨道交通自动售检票系统从无到有,从引进到国产化,再到运用"互联网+"的多元化新型支付方式,主要经历了以下3个阶段。

1. "引进+合作"发展阶段(1993—2004年)

在这个阶段,在我国香港地铁及国外公司的帮助下,于1988年,开始了城市轨道交通自动售检票系统的研制,截至1992年,研制出了6台样机并获得上海市科技进步三等奖。2000年前后,我国第一轮城市轨道交通建设高潮到来,城市轨道交通自动售检票系统成为"标配",以引进的方式为主,但却存在造价昂贵、运营费用高、技术对外方依赖性强以及功能与国内运营和管理需求匹配度低等问题。随着我国城市轨道交通自动售检票系统潜在需求市场的不断扩大,一大批高新科技企业积极与国外厂家合作,加快了对国外城市轨道交通自动售检票系统技术的转化和吸收。

2. 国产化蓬勃发展阶段(2004—2015年)

我国陆续发布了《地铁设计规范》(GB 50157—2003)、《城市轨道交通自动售检票系统检测技术规程》(CJJ/T 162—2011)等标准,在城市轨道交通自动售检票系统方面,形成了一套涵盖设计、建造、检测和验收全过程的标准体系。此外,北京、上海、广州、深圳等城市还发布了有关城市轨道交通自动售检票系统的地方标准和企业标准,规定和统一了城市轨道交通自动售检票系统和设备的功能需求、技术标准和数据接口规范。在此背景下,我国城市轨道交通自动售检票系统相关企业快速崛起,打破了国外厂商的垄断。经过了十余年的发展,我国城市轨道交通自动售检票系统已经掌握了核心技术,能够自主开发全套应用软件,具备专用设备的整机与模块的设计和生产能力。

3. "互联网+"发展阶段(2015年至今)

2015年,广州和深圳两个城市先后上线了基于互联网支付技术的云售取票机设备;2016—2017年,上海、北京、深圳、苏州等20多个城市地铁也在陆续开通了一些,如App+现场取票,使用移动支付在自动售票机购票,刷手机过闸,等等。短短3年间,"互联网+城市轨道交通自动售检票系统"的应用广泛,衍生出云平台、云闸机和云售票机等各式新型设备,同时出现了如盘缠、优城科技等从事互联网支付应用的企业。

二、自动售检票系统的内涵

自动售检票系统作为城市轨道交通运营管理的重要子系统之一,有其丰富的内涵,主要体现在以下几个方面。

1. 人性化

自动售检票系统为乘客设置了符合人体工程学的售票机和检票闸机,在方便乘客的购票和检票过程的同时,提供了符合地方特色的操作方式。

2. 客流导向

自动售检票系统可以方便地实现乘车路径和优惠票价管理,也可以通过票价设定为乘客提供导向性服务,实现柔性的乘客自主对出行路径或时段的选择,合理地调整客流分布。自动检票机分隔乘客的出行路径如图2-2所示。

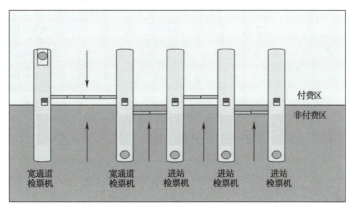

图2-2 自动检票机分隔乘客的出行路径

3. 社会效益

一方面，可通过自动售检票系统对区域交通客流状况进行调整，对社会生活产生影响；另一方面，可通过自动售检票系统影响人们的行为模式，规范管理模式，避免票务工作中可能出现的逃票问题。

4. 提供信息支持

自动售检票系统能够提供客流量、票务收入等统计信息，为城市轨道交通的运营、规划和管理决策提供信息支持。

5. 提高运行效率

城市轨道交通运营企业可根据自动售检票系统的客流信息及时地调整运行组织，合理安排运输，提高运行效率。

6. 强化安全管理

借助自动售检票系统付费区的封闭条件，可对乘客在车站内的行为进行管理。在紧急情况下，可通过闸机的禁行和放行措施疏导人群，实现安全管理。另外，还可通过闸机的关隘作用，协助社会治安管理。

7. 提升形象

自动售检票系统的运用增加了城市轨道交通与乘客的操作交互性和乘客的主动性，其良好的应用效果可以提升运营企业和所在地区的形象。

三、自动售检票系统运营管理模式

自动售检票系统包括正常运营模式、降级运营模式和紧急放行模式3种运营管理模式，如图2-3所示。

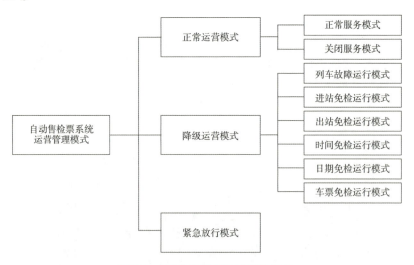

图2-3　自动售检票系统运营管理模式

1. 正常运营模式

通常情况下，自动售检票系统在正常运营模式下自动运行。正常运营模式是系统默认模式，包括正常服务模式和关闭服务模式。在正常服务模式下，进行正常的售票、补票、检票等的处理;在关闭服务模式下,不对车票进行任何处理。

2. 降级运营模式

在城市轨道交通运营过程中出现特殊情况,为保证客运安全和运营收益,应根据实际情况,经设定系统进入相应的降级运营模式。降级运营模式包括列车故障运行模式、进站免检运行模式、出站免检运行模式、时间免检运行模式、日期免检运行模式和车票免检运行模式。

3. 紧急放行模式

在城市轨道交通运营过程中,当车站或列车发生火灾、爆炸等危及乘客和工作人员安全的紧急情况,需要乘客紧急撤离车站时,应启用紧急放行模式。开启紧急放行模式后,闸机处于全开状态,乘客出站不检票。紧急放行模式具有最高级的模式执行优先权。车站紧急模式的设置可由车站防灾系统自动设定,也可由综控室值班站长通过按压紧急按钮进行设定。

单元 2.2　自动售检票系统架构

在多线路组成的城市轨道交通网络中,根据投资主体、运营管理、换乘方式、城市轨道交通线网的构成方式以及票务处理、票务分析和票务结算系统的需求,构建自动售检票系统的基本架构。根据不同的需求,自动售检票系统架构可分为线路式架构、分散式架构、区域式架构和分级集中式架构等。

城市轨道交通的自动售检票系统通常采用分级集中式架构,即将一条线路作为控制对象进行系统设置,针对每一条线路设置一套自动售检票系统,整个线网设置一个路网中心,路网中心负责获取全路网交易数据,确定各线路的换乘结算方式和数据公共接口,除对各线路的运营票款进行结算外,还对跨线交易数据进行实时清分。

目前,国内外城市轨道交通已建和在建线路的自动售检票系统都是按照"系统结构简单、扩充灵活、经济合理、管理方便"的原则设计,基于此原则构建的五层架构自动售检票系统已经是目前国内外各城市的主要设计方案,如在广州、上海等城市地铁中的广泛应用。五层架构自动售检票系统总体结构如图2-4所示。其中,第一层是城市轨道交通清分中心,第二层是线网中心计算机系统,第三层是车站计算机系统,第四层是车站终端设备,第五层是车票。自动售检票系统的层次结构是按照全封闭的运行方式,以计程收费模式为基础,采用非接触式IC卡为车票介质,根据各层次设备和子系统各自的功能、管理职能和所处的位置进行划分的。

一、北京地铁 4 号线自动售检票系统结构

北京地铁4号线自动售检票系统由3层结构组成:第一层为线网中心计算机系统(Line Computer,LC);第二层为车站计算机系统(Station Computer,SC);第三层为车站终端设备

（Station Level Equipment，SLE）。北京地铁 4 号线自动售检票系统结构如图 2-5 所示。

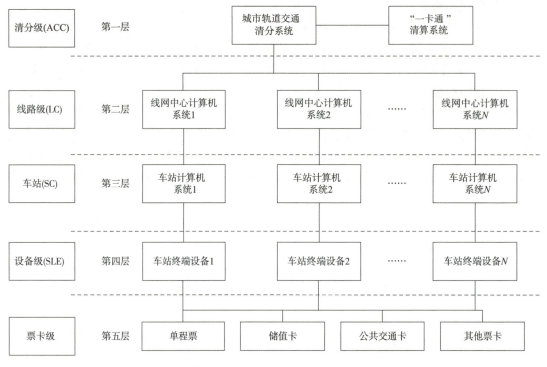

图 2-4　自动售检票系统总体架构

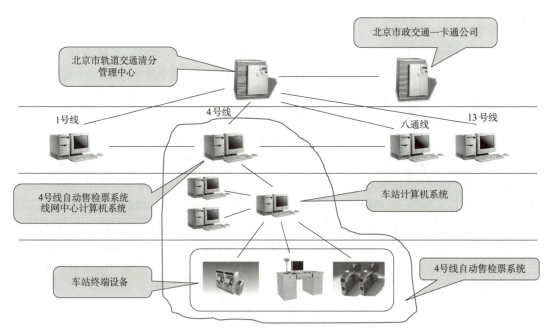

图 2-5　北京地铁 4 号线自动售检票系统结构

二、香港地铁自动售检票系统架构

香港地铁是世界公认设备完善、自动化程度高、管理较好的地铁。其自动售检票设备由自动售票机、自动检票机、补票机和磁性车票、车站和中央计算机等组成,它集计算机、自动控制、光电技术等高新技术于一体。香港地铁自动售检票系统是由中央结算中心和公司或车站组成。其中,中央结算中心采用大型分布式数据库。终端设备的交易数据首先进入公司或车站的数据库,然后传输到中央数据库,在中央数据库进行数据结算处理。香港地铁自动售检票系统架构如图2-6所示。

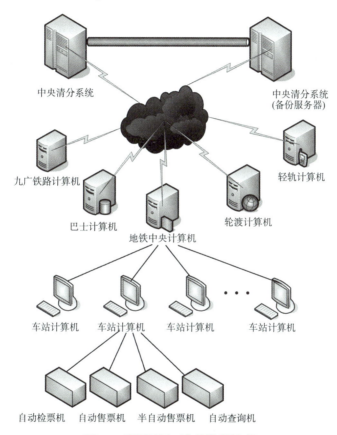

图2-6 香港地铁自动售检票系统架构

【典型任务2-1】 自动售检票系统认知

1. 任务描述

(1)了解城市轨道交通自动售检票系统的业务逻辑架构及各层架构的功能。
(2)掌握自动售检票系统设备组成,能叙述自动售检票系统各层次的主要功能。

2. 任务实施

(1)将授课班级学生分组,每5~8人为一个学习小组。

（2）通过实地调研或网络查阅，介绍所在城市轨道交通采用的架构，在本教材附表2-1"典型任务实训工单"中画出自动售检票系统架构图，并标注各层架构名称。

单元2.3 车站终端设备的原理及操作方法

车站终端设备是用于售票、检票、退票、补票、充值等交易处理的车站设备，主要包括售票设备和检票设备。其中，售票设备主要包括自动售票机、半自动售票机，检票设备主要包括自动检票机。

一、自动检票机

自动检票机，又称闸机，是实现乘客自助进出站检票交易（在非付费区和付费区间通行）的设备。对于有效车票，检票机通道阻挡解除（门扇开启或释放转杆），允许乘客进出站。相关教学资源请扫描二维码1。

二维码1
站厅付费区与非付费区的划分

 想一想

自动检票机安装在什么位置？它在怎样的环境下使用？

1. 自动检票机的分类

自动检票机根据功能可以划分为进站检票机、出站检票机和双向检票机3种。其中，进站检票机用于完成进站检票，检票端在非付费区；出站检票机用于完成出站检票，检票端在付费区；双向检票机既可以完成进站检票也可以完成出站检票，在非付费区和付费区可分别按照进站和出站的处理规则完成检票功能。

自动检票机根据阻挡装置的类型可以分为三杆式检票机、扇门式检票机和拍打门式检票机三大类型，如图2-7所示。

a) 三杆式检票机　　　b) 扇门式检票机　　　c) 拍打门式检票机

图2-7 自动检票机（根据阻挡装置的类型划分）

自动检票机根据通道宽度可以分为普通检票机和宽通道检票机两种类型，如图2-8所示。

2. 自动检票机的功能

自动检票机的基本功能是对乘客所持的车票进行检验，并完成进站或出站的交易处理。按计时计程的付费规则，在进入付费区及离开付费区时都需要进行车票检验（进入付费区时检查车票的合法性并记录进入时的地点和时间,离开付费区时检查车票的合法性、进站信息的合法性及在付费区内的停留时间),并根据进入位置和离开位置计算本次旅程的费用,完成车票扣款操作。

图 2-8　自动检票机(根据通道宽度划分)

3. 自动检票机的结构组成

自动检票机的结构组成以主控单元为核心,辅以阻挡装置、声光提示装置及车票处理装置等模块。

扇门式自动检票机的外观结构如图 2-9 所示,自动检票机上部外观结构如图 2-10 所示,自动检票机侧向外观结构如图 2-11 所示,自动检票机立面结构如图 2-12 所示。

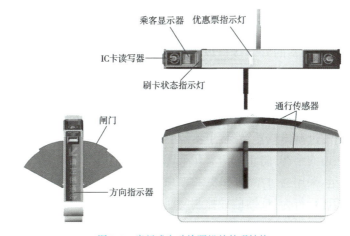

图 2-9　扇门式自动检票机的外观结构

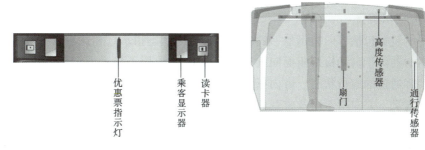

图 2-10　自动检票机上部外观结构　　图 2-11　自动检票机侧向外观结构

通行传感器能够监控乘客通过自动检票机的整个过程以及监测通过自动检票机的人数。自动检票机一般采用透过型传感器和漫反射型传感器两种。

每对(个)传感器都不是单独使用的,通行控制单元对一组或者所有传感器的检测反馈信息进行分析处理,保证通行控制的准确性和安全性。自动检票机通行传感器分区示意图如图2-13所示。

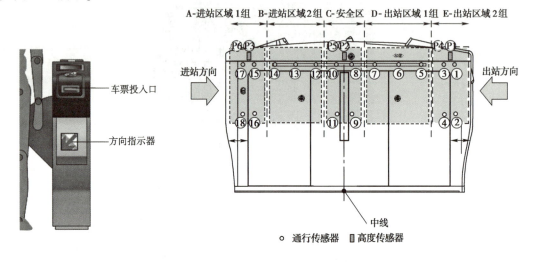

图2-12　自动检票机立面结构　　　　图2-13　自动检票机通行传感器分区示意图

(1)主控单元

主控单元一般选用高可靠性、低功耗的通用型嵌入式计算机设备或工业级计算机设备。主控单元不仅需要具有丰富的外部接口以支持外部设备的连接,还需要保留部分接口以支持未来设备的扩展。

A-进站区域1组:采用透过型传感器,主要监测是否有乘客进入通道。

B-进站区域2组:采用透过型传感器和反射型传感器组合,判断无票乘客的通行行为。

C-安全区:采用透过型传感器,安装于不同的高度,监测乘客的通行情况,反馈信号控制闸门,保护已进入通道的乘客,防止闸门夹住乘客。

D-出站区域1组:采用透过型传感器,检测乘客是否已经通过闸门,如果发现乘客已经通过闸门,若有跟随通行行为,反馈信号控制闸门关闭,防止第二个乘客通过。

E-出站区域2组:采用透过型传感器和反射型传感器的组合,检测与自动检票机设定方向相反进入通道的乘客,若有逆行通行行为,检票机将关闭闸门并报警。

(2)声光提示装置

声光提示装置包括方向指示器、乘客显示器、刷卡状态指示灯和优惠票指示灯等。

方向指示器位于自动检票机面向乘客的面板上,主要用于显示通道的通行方向标志,远距离指示乘客通道的通行状态。方向指示器的设计是确保乘客在30m外的距离可以明辨标志的内容和含义。方向指示器及乘客显示器关于"通行"与"禁行"的标志统一,采用国际通用的标志,且配有中文说明文字,以图形加文字的形式提示乘客,如图2-14所示。

刷卡状态指示灯和优惠票指示灯如图2-9所示。

(3) 车票处理装置

车票处理装置是自动检票机的另一个关键部件,主要负责完成车票读写、传送及回收处理。车票处理装置主要包括车票读写设备和车票传送装置两大部分。

目前使用的基本上都是非接触式 IC 芯片车票(以下简称 IC 车票)。对于 IC 车票,只要车票停留在天线感应的范围内都可以读写。因此,就进站交易而言,只需要使用车票读写器就可以完成进站处理而不需要配置传动装置。由于

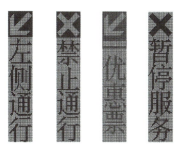

图 2-14　通行方向指示标志

出站时单程使用的 IC 车票都需要回收,当使用单程 IC 车票出站时,必须将 IC 车票投入(筹码型)或插入(方卡型)车票处理装置中,车票通过传送装置(通道)到达天线感应区并在此完成车票读写,交易成功的车票继续经传送装置回收到票箱中,非法车票或交易失败的车票则返还给乘客,由乘客到车站服务中心完成票务更新后再次使用。对于不需要回收的 IC 车票,与进站类似,仅使用车票读写器就可以完成出站处理。

带有票箱的车票处理装置通常需要配置两个票箱,并实时监控票箱的状态,在票箱未安装、票箱将满或票箱已满时需要向主控单元发送相关信息,主控单元将相关信息上传到车站计算机系统。票箱通常还应具有计数功能或由主控单元进行计数。车票处理装置可以根据主控单元的命令将车票回收到指定的票箱中。自动检票机车票回收模块如图 2-15 所示。

图 2-15　自动检票机车票回收模块

4. 自动检票机的基本操作

自动检票机的基本操作主要包括开关机操作、重新启动操作和更换票箱操作。

当更换自动检票机票箱时,在打开自动检票机的维修门后,按维修面板显示要求输入正确的操作员号(ID)和密码,验证成功登录后,选择运营服务中的更换票箱操作,在更换票箱操作中选择取下票箱,当票箱马达完全降下后,双手取出票箱。相关教学资源请扫描二维码2。

更换票箱操作包括拆卸票箱和安装票箱。

(1)拆卸票箱的主要操作流程(图2-16)如下：

①接收来自上位机的票箱更换命令。

②托盘向下移动。

③检测车票的最高位置,当检测到车票的最高位置低于指定的位置时,停止移动托盘。

④关上顶盖。

⑤打开工作锁(顶盖被锁上)。

⑥托盘被固定。

⑦拨动开关至"OFF"位。

⑧托盘移动机构下降。

⑨拆卸票箱。

注意：拆卸票箱的操作流程要严格按顺序进行,在完成当前动作之前不能进行下一个动作。

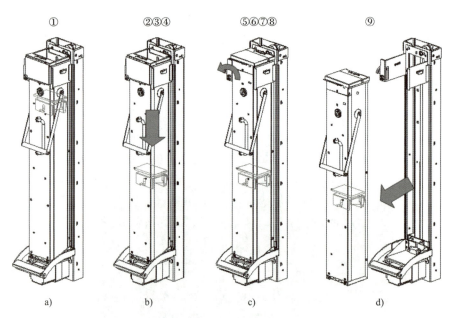

图2-16　拆卸票箱的操作流程

注：图中①～⑨标号为操作流程编号。

(2)安装票箱的主要操作流程(图2-17)如下：

①利用票箱前面的把手,以水平方向将票箱小心地安装在 ID Connector(连接器)上。

②检测票箱安装到位(检查票箱 ID)。

③拨动开关到"ON"位。

④托盘移动机构带动托盘向上移动。

⑤检测车票最高位置,当检测到车票最高位置到达指定的位置时,停止移动托盘。

⑥锁上工作锁(顶盖锁机构松开)。

⑦固定托盘的机构松开,打开顶盖。
⑧回收模块初始化。
⑨票箱安装完毕后,在维修面板中选择安装票箱,退出维修面板并注销,推进并关好维修门。

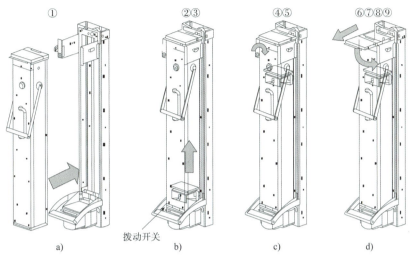

图2-17 安装票箱的主要操作流程
注:图中①~⑨标号为操作流程编号。

设备读到不同的票箱ID后计数器清零,完成票箱更换工作,随后站务员将换出的票箱运回票务室进行清点。

安全注意事项

1. 运营安全
(1)在更换自动检票机票箱时,尽量考虑在非运营时间或客流较少的运营时间段进行。
(2)更换自动检票机票箱时注意安放警示标志,隔离自动检票机,不要让乘客围观。
2. 设备安全
(1)按照规定的操作流程执行,禁止野蛮操作。
(2)卸下和安装票箱时尽量用双手,并避免刮碰到票箱和设备。
3. 人员安全
(1)采用合适的人力抬举方式,避免伤到自己。
(2)由于更换自动检票机票箱时是带电作业的,操作人员应注意不要触电。

5. 自动检票机的定期检查
(1)自动检票机内部与外部的清扫、检查和测试
①擦除灰尘并清洁机架内部,移除所有自动检票机内部的外来物品。

②擦洗机箱外部,对内部用吸尘器进行清扫。

③检查机架、结构框架及底座上松动、丢失的螺钉、螺母和配件。

注意：

①不能使用磨蚀性、酸性、碱性或氯化清洁剂。

②清洁时要谨慎,避免水滴入模块的电路板上。

③在做各项清扫前一定要将其涉及的模块断电。

(2) 自动检票机传感器的清扫、检查和测试

①卸下盖板及树脂盖,用清洁棉布和棉棒对人体检测传感器、高度检测传感器、传感器过滤器等进行清洁。

②打开维修门及中央通道盖,用清洁棉布和棉棒对人体检测传感器、传感器过滤器等进行清洁。

③通过自动检票机本身测试软件,检查测试各传感器工作状态是否良好。

> **小贴士**
>
> 注意：在清洁传感器时,动作要尽可能轻微,不要扭转其所处位置。清洁后,应检查对射传感器发射接收是否正常。

6. 自动检票机的基本故障处理

在城市轨道交通正常运行中,自动检票机会出现暂停服务和服务受限的情况。

(1) 暂停服务

①出现以下情况会暂停服务：

a. 当设备发生故障(自动切入暂停服务)或被设置成关闭模式时。

b. 当任意维修门被打开,设备自动进入暂停服务状态。

c. 当双向自动检票机被设置成单向模式时,另一方向的乘客显示器将显示"暂停服务"界面。

②故障处理注意事项：

a. 向值班站长汇报并确认此情况。

b. 若更换票箱或设备维修时需要将自动检票机暂停服务,应提前立警示标志牌或用围栏隔离此通道,且尽量在非运营时间或客流较少时段进行,并注意不要让乘客围观。

(2) 服务受限

①出现以下情况会提示服务受限：

a. 当A、B两个票箱都满时,出站自动检票机将不再回收车票,设备将进入仅刷卡出站状态,乘客显示器界面将提示"禁止投入车票"。

b. 当车票回收装置发生卡票情况时,出站自动检票机将不再回收车票,设备将进入仅刷卡出站状态,乘客显示器界面将提示"卡票"。

②故障处理注意事项：

a. 卡票等机械故障。卡票在机械故障中是最常见的。卡票是指车票在读取中被卡在自

动检票机内,没有识别出来,乘客无法通过自动检票机进入站厅,更无法取回车票。这时乘客可选择按压求助按钮发出求助信息。站务人员收到求助信息会立刻赶到现场,站务人员可以根据显示屏显示的错误代码判断自动检票机是否卡票,卡票可以使用自动检票机记录进行查询,打开自动检票机维修门帮助乘客寻找车票,按照相关城市轨道交通运营乘务项处理规定进行处理。若发现不是卡票故障,而是其他故障,站务人员应该在该自动检票机上方放置"设备故障"警示标志牌,联系维修人员进行处理和维修。

b. 车票误用。车票误用包含进出次序错误、无法读取票卡、超时超程乘车和无效票等。这时候我们需先确定机器本身没有出现机械故障。站务人员可以根据自动检票机显示的错误代码确定乘客是否误用车票,引导乘客到票亭将车票交由售票员进行处理。

c. 票箱已满。当票箱已满时,会自动提示车站计算机,在车站计算机上会弹出相应警示窗口。在更换自动检票机票箱时,打开维修门后,按维修面板显示要求输入正确的操作员号(ID)和密码,选择服务中的更换票箱操作,在更换票箱操作中选择取下票箱,当票箱电动机完全降下后取出票箱。

【典型任务2-2】 自动检票机认知

1. 任务描述

(1)熟悉自动检票机内、外结构组成及各部分结构的功能。

(2)掌握自动检票机的基本操作,会更换票箱。

(3)能够进行自动检票机常见故障的应急处理。

2. 任务实施

(1)将授课班级学生分组,每5~8人为一个学习小组。

(2)结合校内自动售检票系统实训室配置的自动检票机,让学生汇总各模块名称及功能,完成本教材附表2-2"典型任务实训工单"中的表A的填写。

(3)结合校内自动售检票系统实训室,让学生根据《自动售检票系统实训指导书》,完成自动检票机票箱的更换,并将操作步骤记录在本教材附表2-2"典型任务实训工单"的表B中。

二、自动售票机

自动售票机设于车站非付费区,主要用于乘客自助式购买单程票和对储值票进行充值。自动售票机站厅布局如图2-18所示,自动售票机外观结构如图2-19所示,自动售票机内部结构如图2-20所示。

1. 自动售票机的功能

自动售票机的基本功能是通过乘客的自助式操作完成自动售票。自助购票的基本过程包括购票选择、接收购票资金、自动出票及找零等,必要时还可以打印充值凭证等。自动售票机既可以接受硬币和纸币购买单程IC票卡,也可以对一卡通或城市轨道交通专用储值车票进行充值。同时,自动售票机预留了银行卡的数据接口和电气接口及物理空间,方便支付方式的扩展。

 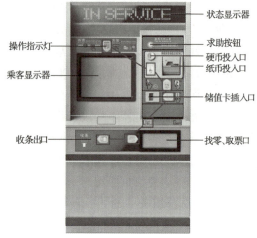

图 2-18　自动售票机站厅布局图　　　　图 2-19　自动售票机外观结构

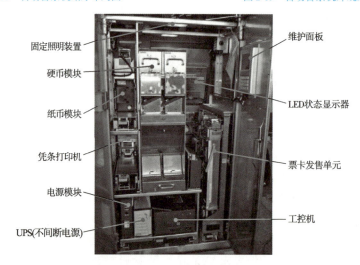

图 2-20　自动售票机内部结构

自动售票机主要实现如下功能:

(1)接受乘客的购票选择,并在购票过程中给出提示信息及操作指导。

(2)接受乘客投入的现金(如储值票、信用卡等其他付费介质)并自动完成识别;对于无法识别的现金(如储值票、信用卡等其他付费介质)则予以退还。

(3)自动计算乘客投入的现金数量及购票金额,并且能自动找零。

(4)自动完成车票校验、车票发售及出票。

(5)对各部件的工作状态进行自动监测,并向车站计算机系统上报工作状态。

(6)接受车站计算机系统下达的参数和控制指令,并执行相应的操作。

(7)存储并上传交易信息。

(8)对本机接收的现金及维护操作进行管理。

2. 自动售票机的结构组成

自动售票机以主控单元为核心，辅以现金处理装置、车票处理装置、乘客显示器、打印机、电源等模块组成。此外，还可以根据需要配置触摸屏、运营状态显示器、银行卡读写器及密码键盘等部件。相关教学资源请扫描二维码3～二维码5。

自动售票机的总体架构，如图2-21所示。

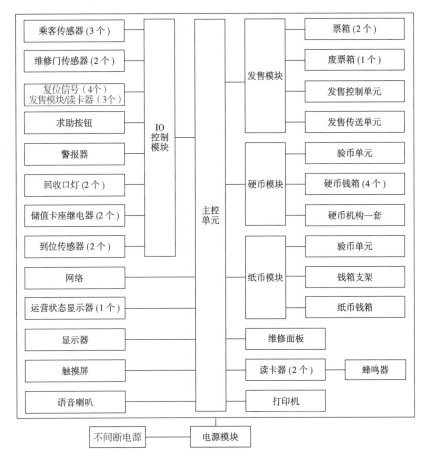

图2-21 自动售票机的总体架构

（1）自动售票机主控单元

自动售票机主控单元（也称为工控机）采用32位工业级微处理器，阻抗电磁噪声的性能良好（VCCI Class A），能一天24h工作，并能提供充分的指定功能。即使电源中断，数据也不会丢失。主控单元负责运行控制软件，具备车票处理、现金处理显示、数据通信、状态监控等功能。

> **知识链接**
>
> ### 自动售票机主控单元的主要参数
>
> 北京地铁使用某型号自动售票机主控单元的主要参数见表2-1。相关教学资源请扫描二维码6。
>
> 自动售票机主控单元主要参数表　　　　表2-1
>
> | 自动售票机 | TVM |
> |---|---|
> | 主控单元：POS-1711VNA | 工控机 |
> | 工控机箱 | Rack |
> | 主板 | POS-1711VNA（Celeron 2GHz） |
> | 电子硬盘 | Disk on Module（256MB） |
> | 硬盘 | HDD（40GB/7200 转） |
> | 内存 | 512MB DDR |
> | PCI 接口板 | 8408 |
>
>
>
> 二维码6
> TVM开机与关机的基础操作

（2）现金处理模块

自动售票机内的现金处理设备关系到发售资金安全，是自动售票机安全管理的重要部件。现金处理设备按照功能可以分为现金识别设备和现金找零设备两大类，按照现金的类型可以进一步分为硬币识别设备、纸币识别设备、硬币找零设备和纸币找零设备。

纸币识别设备一般至少可以识别6种以上的纸币（同一面值但不同版本的纸币将被认为是两种纸币）。纸币识别设备通常包括入币口、传输装置、识别模块、暂存器和钱箱等部件，如图2-22所示。

硬币找零设备比较复杂，一般至少应包括循环找零机构、补充找零机构、清币机构及硬币回收机构。硬币找零设备一般会与硬币识别设备采用一体化的设计方法，以提高处理速度和优化硬币模块的结构。循环找零机构是指可以使用乘客投入的硬币来补充找零的找零机构；而补充找零机构需要人工添加硬币，通常在循环找零机构内的找零硬币不足时使用。当循环找零机构已满时，乘客投入的硬币将通过硬币回收机构回收到硬币钱箱中。当运营结束时，可以使用清币机构将循环找零机构（也可能包括补充找零机构）中保存的硬币清空，被清出的硬币将被硬币回收机构回收到硬币钱箱中，以便车站管理人员进行清点。自动售票机硬币模块示意图如图2-23所示。

3. 自动售票机的操作界面

自动售票机是自助型系统设备，城市轨道交通车站内会有部分乘客对该系统的操作不熟练，站务人员应主动、热情地提供操作指引服务。因此，站务人员应熟练地掌握自动售票机的购票操作，以便在指引乘客使用自动售票机购票、充值时，通过乘客操作界面实现点选操作。常见的自动售票机乘客操作界面如图 2-24 所示。该界面主要分为 6 个区域,其中,选择线路区域提供了按线路分类的按钮;运营及票卡选择区域可以实现按票价直接购票;时间区域实时显示当前的日期和时间;功能选择区域提供了供乘客选择或确认的按钮,如中、英文切换按钮和充值操作按钮等;信息提示区域主要向乘客显示相应情况下的信息;状态区域主要显示自动售票机的运营状态信息。

图 2-22　纸币识别设备

图 2-23　自动售票机硬币模块示意图

(1)乘客购票操作

①选择地铁线路。在自动售票机界面上查看地铁网络化运营的线路地图(能实现地图的缩小、扩大及水平移动),选择要去往目的地的地铁线路。

②选择目的地车站。选择完线路后,在整条线路中选择目的地车站的站名。目的地车站界面如图 2-25 所示。

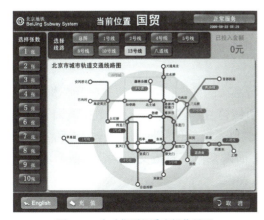
图 2-24　自动售票机乘客操作界面

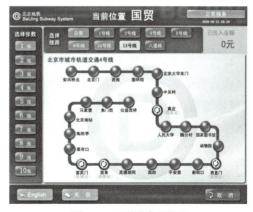
图 2-25　目的地车站界面

③选择购票数量。选择完车站后,将进入购票界面。屏幕左方将显示目的地车站、车票单价等信息,屏幕右方可直接选择所要购买的车票数量。

④付款。根据屏幕显示的应付金额,投入相应数量的纸币或硬币支付,或者选择二维码扫码支付。

⑤取走车票和找零。付款完毕后,若点击【确定】按钮,则在下方出票口处取出票卡及找零硬币;若点击【取消】按钮,则投入的钱币退回,返回主界面。

(2)乘客充值操作

乘客使用现金在自动售票机上进行储值票充值时,自动售票机通常可接收第五套人民币 10 元、20 元、50 元和 100 元面额的充值。

①乘客在主界面上点击【充值】按钮,切换到充值界面,提示插入储值卡。

②将储值卡插入面板上的插卡口,系统自动识别卡的类型。

③乘客根据界面提示,输入充值金额,并通过纸币接收器支付充值款。此时,如果点击【取消】按钮则可取消当前充值操作,返回初始界面。

自动售票机储值票充值流程如图 2-26 所示。

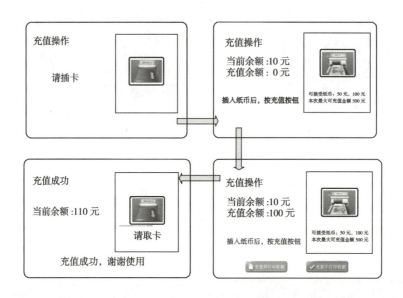

图 2-26　自动售票机储值票充值流程

4. 自动售票机的基本操作

在运营中需要工作人员在自动售票机上进行必要的操作,如自动售票机开关机操作、补币、更换票箱、硬币清币、更换硬币钱箱、更换纸币钱箱、打印机加纸、交易数据查询等。不同的城市轨道交通运营企业使用的设备及自动售检票系统软件不同,其操作方法和界面表现形式也有所区别,但是操作项目及内容相似。下面以某城市轨道交通运营企业为例介绍自动售票机的操作说明,自动售票机的基本操作见表 2-2。

5. 自动售票机的常见故障处理

自动售票机的常见故障处理见表 2-3。

自动售票机的基本操作

表 2-2

项目	操作说明及操作流程
更换票箱	操作说明： (1) 每日运营开始前，车站工作人员需要根据车站客流情况对票箱补充一定数量的单程票。 (2) 每日运营结束后，需要卸载票箱，收回票箱内余下未发售的票卡。 (3) 运营期间，如遇自动售票机因票箱空则需要根据运营情况判断是否及时补充票卡 操作流程： (1) 打开维修门，登录维护面板进入维护菜单主界面，依次选择【日常操作】→【更换票箱】→【票箱 1/票箱 2】菜单命令，按下【Enter】键，此时维护界面显示当前所在票箱的 ID，并提示工作人员取走票箱。 (2) 拉出票箱处理模块，推回票箱盖，打开票箱锁按下发卡机构开关待卡槽降至箱底，使票箱上部与底部的插销离位，卸下票箱。 (3) 将票箱推入到位，按下发卡机构开关，待卡槽复位，拉出票箱盖，推回票箱处理模块。 (4) 在维护面板的操作界面上输入补票数量，按下【Enter】键，等待返回结果，退出登录。 (5) 关上维修门，状态显示屏恢复正常业务模式，操作结束
清空废票箱	操作说明： (1) 每日运营结束后，车站需要将废票箱清空。 (2) 运营期间，当废票箱模块报警时，车站需要及时处理 操作流程： (1) 打开维修门，登录维护面板进入维护菜单主界面，依次选择【日常操作】→【更换废票】菜单命令，按下【Enter】键，维护界面将显示当前废票箱 ID，并提示取走废票箱。 (2) 拉出车票处理模块，按照操作界面提示区的提示进行操作。 (3) 装入新的废票箱后显示当前废票箱的 ID，按下【Enter】键，等待维护界面返回安装结果。 (4) 更换成功后将票箱模块推回原位，打印机打印维护小票，退出登录界面。 (5) 关上维修门，状态显示屏恢复正常业务模式，操作结束
更换硬币钱箱	操作说明： (1) 每日运营结束后，需要卸下硬币钱箱，收回钱箱中的硬币。 (2) 运营期间，当硬币钱箱模块"满"或"将满"报警时，需要及时清空硬币钱箱 操作流程： (1) 打开维修门，登录维护面板进入维护菜单主界面，依次选择【日常操作】→【更换钱箱】→【硬币钱箱】菜单命令，按下【Enter】键，此时维护界面显示当前硬币钱箱的 ID。 (2) 将硬币钱箱的前盖板推回箱体，用钥匙将硬币钱箱锁紧装置打开，取出硬币钱箱。 (3) 装入新硬币钱箱，用钥匙将硬币钱箱锁紧，拉出硬币钱箱的前盖板。 (4) 在维护面板操作界面输入硬币数量，然后退出登录界面。 (5) 关上维修门，状态显示屏恢复正常业务模式，操作结束
更换纸币钱箱	操作说明： (1) 每日运营结束后，需要卸下纸币钱箱，收回钱箱中的纸币。 (2) 运营期间，当纸币钱箱模块"满"或"将满"报警时，需要及时清空纸币钱箱

续上表

项目	操作说明及操作流程
更换纸币钱箱	操作流程： (1)打开维修门,登录维护面板进入维护菜单主界面,依次选择【日常操作】→【更换钱箱】→【纸币钱箱】菜单命令,按下【Enter】键,此时维护界面显示当前纸币钱箱的 ID。 (2)拉出纸币钱箱模块,将纸币模块的前盖板推回箱体,用钥匙将纸币钱箱锁紧装置打开,取出纸币钱箱。 (3)装入新纸币钱箱,用钥匙将纸币钱箱锁紧,拉出纸币钱箱的前盖板。 (4)在维护面板操作界面输入纸币数量,然后退出登录界面。 (5)关上维修门,状态显示屏恢复正常业务模式,操作结束
清空硬币钱箱	操作说明： (1)每日运营结束后,需要将循环找零钱箱和补充找零钱箱内的硬币清至硬币钱箱。 (2)运营期间,当硬币钱箱模块"满"或"将满"报警时,需要及时清空硬币钱箱
	操作流程： (1)打开维修门,登录维护面板进入维护菜单主界面,依次选择【日常操作】→【清空硬币】→【硬币找零钱箱】/【循环找零钱箱】菜单命令,按下【Enter】键。 (2)听到硬币掉落的声音结束后,等待维护菜单界面提示清空结果,通过打印机打出硬币数量单据。 (3)将硬币钱箱的前盖板推回箱体,用钥匙将硬币钱箱锁紧装置打开,取出硬币钱箱。 (4)在界面上选择"日结",退出登录界面。 (5)关上维修门,状态显示屏恢复正常业务模式,操作结束

自动售票机的常见故障处理　　　　　　　　　　　　　　　　　表 2-3

序号	故障现象、原因分析与解决办法
1	故障现象：开机无显示
	原因分析： (1)无电源输入。 (2)部件连接异常
	解决办法：检查电源及显示器、部件连接,若无异常则联系专业维护人员
2	故障现象：提示暂停服务(非上一级系统控制)
	原因分析： (1)单程票处理单元异常。 (2)硬币处理单元、纸币处理单元异常。 (3)维修门在打开状态或维修门状态检测传感器异常
	解决办法：检查部件电源及通信连接并检查关闭维修门,若无异常则联系专业维护人员
3	故障现象：自动售票机启动后显示"只收纸币"
	原因分析：硬币处理模块有卡币或者硬币钱箱没有正确安装
	解决办法： (1)启动设备后机器内部逻辑会对硬币模块进行测试,如果测试失败会进入"只收纸币"状态,这种问题一般是硬币识别模块被硬币或其他异物堵塞导致的,检查硬币识别模块并重新启动设备。 (2)正确安装硬币钱箱

续上表

序号	故障现象、原因分析与解决办法
4	故障现象:自动售票机屏幕显示"网络连接失败"
	原因分析:网络出现故障
	解决办法: (1)检查自动售票机和服务器之间的网络连接是否正常。 (2)检查系统服务器软件是否正常运行
5	故障现象:自动售票机屏幕显示"只收硬币"
	原因分析:纸币识别模块有卡币或者纸币钱箱没有正确安装
	解决办法: (1)纸币识别模块被纸币或其他异物堵塞导致,检查纸币识别模块并重新启动设备。 (2)正确安装纸币钱箱
6	故障现象:自动售票机屏幕显示"无找零"
	原因分析:硬币识别模块内没有放入找零用硬币或者硬币找零钱箱没有正确安装
	解决办法: (1)放入找零用硬币。 (2)正确安装硬币找零钱箱
7	故障现象:自动售票机屏幕显示"只充值"
	原因分析:单程票发售模块内没有放入车票或者票箱没有正确安装
	解决办法: (1)放入发售用车票。 (2)正确安装票箱
8	故障现象:自动售票机启动后显示"暂停服务",不能进入工作状态
	原因分析:可能是维修门没有关上
	解决办法:检查维修门并将维修门全部关紧上锁
9	故障现象:自动售票机屏幕显示"只发售"
	原因分析:储值票读卡器有故障或连接错误
	解决办法:联系厂家更换储值票读卡器或检查连接线缆
10	现象故障:自动售票机启动后乘客显示器没有显示
	原因分析:自动售票机内部工控机没有开机或显示器处于关闭状态
	解决办法:打开工控机电源或打开显示器电源

【典型任务 2-3】 自动售票机认知

1. 任务描述

(1)掌握自动售票机内、外结构组成及各部分结构的功能。
(2)熟练掌握自动售票机的基本操作,会更换票箱、回收硬币钱箱等。

(3)能够进行自动售票机的简单故障处理。

2. 任务实施

(1)将授课班级学生分组,每5~8人为一个学习小组。

(2)结合校内自动售检票系统实训室配置的自动售票机,让学生汇总各模块名称及功能,完成本教材附表2-3"典型任务实训工单"中表A的填写。

(3)在校内自动售检票系统实训室自动售票机上,小组成员分角色模拟乘客购票过程。在购票过程中,教师可根据常见故障类型设置不同的故障并让学生处理,如无法发售单程票、只接受纸币、只接受硬币等,以及运营结束时清空硬币钱箱的操作流程,然后让学生将故障处理及操作步骤填到本教材附表2-3"典型任务实训工单"的表B中。

三、半自动售票机

半自动售票机通常安装在售/补票房或车站服务中心内,采用人工方式完成票务处理、车票发售、加值、车票分析(验票)、退票及其他票务服务,因此半自动售票机又称为人工售(补)票机或票房售(补)票机,如图2-27所示。

图2-27 半自动售票机

根据应用需求,可将功能分离设置成单独的半自动售票机或半自动补票机,也可设置成具有半自动售票和补票功能结合的设备。

功能单一的半自动售票机应设置在非付费区,而半自动补票机则设置在付费区内服务。功能结合的半自动售(补)票机可以同时为非付费区与付费区服务,兼顾售票及补票功能,使用同一车票处理设备,但需对两个区域分别设置单独的乘客显示器,适应处理不同区域的乘客票务。

1. 半自动售票机的功能

半自动售票机是在车站中以人工方式为乘客提供服务的售补票设备,放置于车站售票和补票室内。半自动售票机的主要功能包括售票、补票、充值、更新、替换、退票、车票挂失、车票分析、车票处理、车票查询、收益管理、设备操作等。

半自动售票机与车站自动售检票系统相连,可以接受车站自动售检票系统下达的各种参数及指令,同时向车站自动售检票系统及线路自动售检票系统传送各类数据。

半自动售票机的运行模式由车站自动售检票系统进行设定和更改,并通过系统参数数据下载到半自动售票机上实现工作模式的自动切换。

半自动售票机具备离线/在线状态自动检测切换的功能,根据当前的线路状态,动态提供能够处理的功能。当半自动售票机处于在线状态时,能够实时从车站自动售检票系统下载各种参数、接受车站自动售检票系统的控制指令,能上传监控数据,根据预先设定的方式上传所处理的各种交易数据,与车站自动售检票系统进行对账处理。当半自动售票机处于离线状态时,除了提供需要的功能外,还要保存本地运行数据的备份,在检测到网络恢复以后,进行数据的上传和续传,并进行数据账目的核对。

2. 半自动售票机的结构组成

半自动售票机以主控单元为核心,辅以车票读写器、乘客显示器、打印机、电源等模块组成,或者根据需要配置触摸屏、车票处理装置、钱箱等部件。主控单元一般选用可靠性高的工业级计算机设备,也可以选用高档商用计算机,需要有多种类型的外部接口以支持外部设备的连接,并需要保留部分接口以支持未来设备的扩展。

半自动售票机可以使用键盘、鼠标等通用输入设备,或者配置触摸屏,或者配置支持自动发售车票的车票处理装置,以完成车票自动发售功能。自动发售车票的车票处理装置与自动售票机中的车票处理装置类似,在接收到主控单元的命令后,可以自动完成供票、车票读写及出票功能。

半自动售票机的主要设备见表2-4。

半自动售票机的主要设备　　　　　　　　　　　　　　　　表2-4

序号	名称	说明
1	主控单元(MCU)	BOM专用主机,采用工业型计算机
2	电源模块	为主控单元、IC票卡发售模块及主控单元的外围设备提供电源
3	IC票卡发售模块(TIU)	发售单程IC票卡
4	操作员触摸屏显示器	触摸式液晶显示器,方便售票员操作
5	票据打印机	为购票、充值乘客打印收据
6	桌面IC票卡读写器	读写IC票卡
7	乘客显示器	为乘客提供文字信息

(1)主机

半自动售票机的主机由主控单元和电源模块组成,其结构图如图2-28所示。

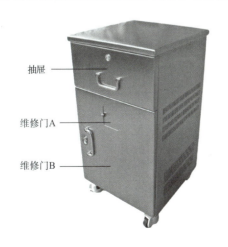

图2-28　半自动售票机的主机结构图

(2)IC 票卡发售模块

IC 票卡发售模块由对车票进行读写的票卡读写器和用于发售 IC 票卡的车票处理模块组成,如图 2-29 所示。

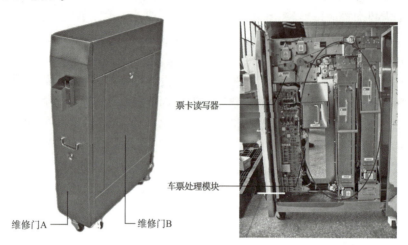

图 2-29　IC 票卡发售模块

(3)操作员触摸屏显示器

操作员触摸屏显示器为操作员提供人机对话的界面显示,带有红外触摸屏,如图 2-30 所示。

(4)乘客显示器

每套半自动售票机配置 1～2 个乘客显示器(图 2-31),分别安放在付费区和非付费区靠近窗口、方便乘客阅读的地方。乘客显示器为乘客提供相关信息的显示(显示中文或英文信息可以通过操作员选择来实现),并且带有一定的语音提示。

图 2-30　操作员触摸屏显示器　　图 2-31　乘客显示器

(5)桌面 IC 票卡读写器

桌面 IC 票卡读写器提供高级应用程序编程接口,支持对 ISO 14443 A/B 标准卡片的读写操作。桌面读写器设计有 4 个安全存取模块(Security Access Module,SAM)卡座,支持多密钥应用,提供桌面读卡器与安全存取模块之间的接口和数据传输。扩展安全存取模块不会造成读卡器性能的降低。

针对不同的设备应用,相应的桌面 IC 票卡读写器执行充值和消费操作。桌面 IC 票卡读写器有效读写距离为 10cm,交易速度为 200~1000ms。读卡器对票卡的操作满足一卡通对 IC 票卡应用流程标准要求、安全存取模块安全保密处理要求和交易数据处理要求。桌面 IC 票卡读写器如图 2-32 所示。

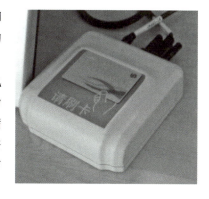

图 2-32　桌面 IC 票卡读写器

3. 半自动售票机的基本操作

(1) 单程票发售操作

票务员登录半自动售票机后,单击"车票发售"进入车票发售单元的界面,选择乘客所要到达的目的地线路和车站,按照单程票的票价收取现金,"单程票发售"操作界面如图 2-33 所示。

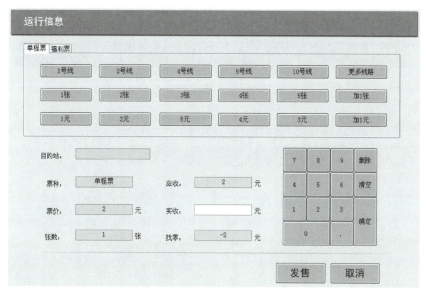

图 2-33　"单程票发售"操作界面

(2) 补出站票操作

票务员登录半自动售票机后,单击"车票发售"进入车票发售单元的操作界面,补出站单程车票流程如下:选择车站→输入补票金额→输入实收金额→单击【发售】按钮。"补出站票"操作界面如图 2-34 所示。

(3) 储值票操作

①储值票发售。储值票发售是指第一次发售充值,即储值票开卡。票务员将要发售的储值票放在储值票读卡区,单击主界面的【储值票】按钮,在"储值票发售"操作界面(图 2-35)中单击储值票【发卡】按钮,储值票发卡时,须向乘客收取押金。

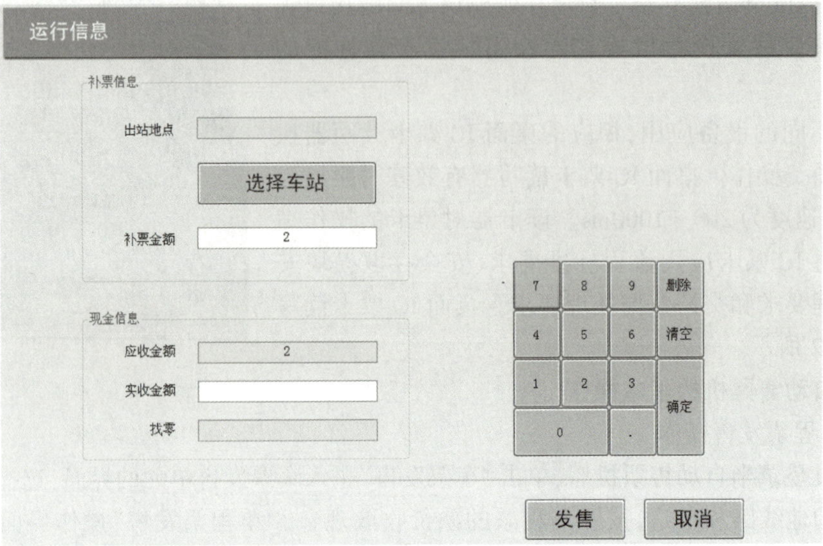

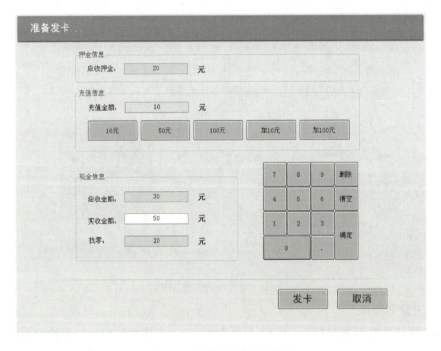

图 2-34 "补出站票"操作界面

图 2-35 "储值票发售"操作界面

②储值票充值。票务员为乘客办理储值票充值时,将储值票放在读卡区,单击【储值票】按钮,进入"储值票充值"操作界面,如图 2-36 所示。

③储值票退卡。乘客在将储值票退卡时,票务员将要退的储值票放在储值票读卡区,单击主界面的【储值票】按钮,在"储值票退卡"操作界面中单击"储值票退卡",储值票退卡时,在检查储值票完好后,须向乘客返还押金。"储值票退卡"操作界面如图 2-37 所示。

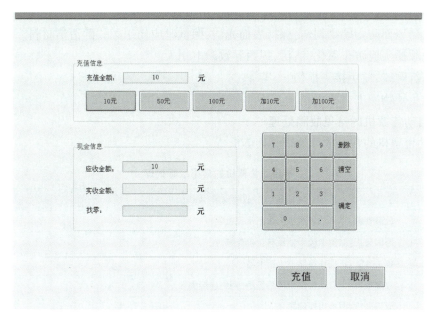

图 2-36 "储值票充值"操作界面

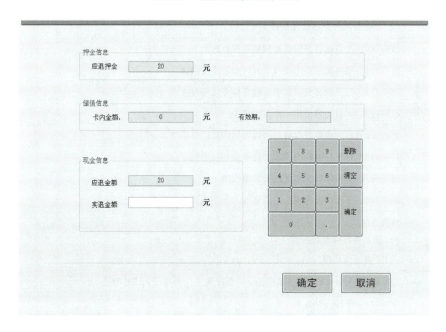

图 2-37 "储值票退卡"操作界面

4. 半自动售票机的日常维护

为了保证半自动售票机能够长期、安全、有效地运行,应定期地对设备进行维护。在日常维护中应注意以下方面:

(1)触摸显示器保持洁净,没有灰尘或其他异物附着。

(2)出票口不能有异物遮挡。

(3)不锈钢机壳表面应定期进行清洁,可使用不锈钢保养油。

(4)机器表面防止硬物划伤,保持表面光洁,擦拭时应使用柔软的清洁材料。

(5)电源插头应防止氧化、沾污、损毁导致漏电伤人。

(6)勿折网线,避免接头损伤。

(7)避免硬物撞击售票机。

5. 半自动售票机的常见故障处理

半自动售票机的常见故障处理见表2-5。

半自动售票机的常见故障处理 表2-5

序号	故障现象、原因分析与解决办法	
1	故障现象	半自动售票机无法正常充值
	原因分析	储值卡读卡器没有正确连接
	解决办法	正确连接储值卡读卡器
2	故障现象	半自动售票机屏幕显示"网络连接失败"
	原因分析	网络出现问题
	解决办法	(1)检查半自动售票机和服务器之间的网络连接是否正常。(2)检查系统服务器软件是否正常运行
3	故障现象	半自动售票机屏幕显示器没有显示
	原因分析	乘客显示器电源没有打开或者连接错误
	解决办法	打开乘客显示器电源或者检查线缆连接
4	故障现象	半自动售票机不能打印凭条
	原因分析	打印机电源没有打开或者打印纸已经用尽
	解决办法	打开打印机电源或者正确安装打印纸
5	故障现象	半自动售票机无法发售单程票
	原因分析	单程票发售模块内没有放入车票或者票箱没有正确安装
	解决办法	(1)放入发售用车票。(2)正确安装票箱
6	故障现象	半自动售票机启动后显示"暂停服务",不能进入工作状态
	原因分析	维修门没有关上
	解决办法	检查维修门并将维修门全部关紧上锁
7	故障现象	半自动售票机打印的凭条没有内容
	原因分析	打印机色带没有正确安装或者已经用尽
	解决办法	正确安装色带或更换色带
8	故障现象	半自动售票机启动后操作员显示器没有显示
	原因分析	半自动售票机内部工控机没有开机或显示器处于关闭状态
	解决办法	打开工控机电源或打开显示器电源

【典型任务 2-4】 半自动售票机认知

1. 任务描述
（1）掌握半自动售票机结构组成及功能。
（2）熟练掌握半自动售票机的基本操作，会发售单程票、储值卡充值、异常车票处理等操作。
（3）能够进行半自动售票机的简单故障处理。

2. 任务实施
（1）将授课班级学生分组，每 5~8 人为一个学习小组。
（2）结合校内自动售检票系统实训室配置的半自动售票机，让学生汇总各模块名称及功能，完成本教材附表 2-4 "典型任务实训工单"中表 A 的填写。
（3）在校内自动售检票系统实训室半自动售票机上，小组成员分角色模拟乘客购票、异常票务处理等操作。在购票过程中教师可根据常见故障类型，设置不同的故障让学生处理，如无法正常充值、乘客显示器不显示、不能打印凭条等，然后让学生将故障处理及操作步骤填到本教材附表 2-4 "典型任务实训工单"的表 B 中。

四、自动查询机

1. 自动查询机概述
自动查询机（Ticket Checking Machine，TCM）安装在非付费区，供乘客自助查询车票的信息及有效性，如图 2-38 所示。读取过程不会修改车票上的任何数据。自动查询机采用触摸屏的操作方式。自动查询机应显示由线路自动售检票系统下载的乘客服务信息。

a)   b)

图 2-38　自动查询机

2. 自动查询机的组成结构与功能
自动查询机主要由主机、电源、读卡器和触摸显示器等结构组成。

自动查询机具有车票查询和乘客服务信息查询等功能。车票查询是指读取票卡信息，不具备写票功能。工作人员将车票在阅读器/天线出示后1s内，能显示车票的查询内容，包括车票逻辑卡号、车票类型、余额/使用次数（该车票当前所剩余额及使用次数）、车票有效期（该车票的有效期限）、车票无效原因（如安全性检查、出入顺序检查、黑名单票检查、超乘、超时等）和交易历史等。

乘客服务信息查询的信息由后台定制下载，可以接受Flash、图片、文本文件。乘客服务信息力求为乘客提供最方便、适用的信息。乘客服务内容分类可定制，当一屏显示不完时，可使用垂直滚动条翻页，包含内容有自动售检票系统介绍、自动售检票系统使用指南和地铁公告等。

3. 自动查询机操作界面

自动查询机操作界面如图2-39所示。

图2-39　自动查询机操作界面

自动售检票系统存在的问题及发展趋势

一、自动售检票系统存在的问题

由于自动售检票系统在我国城市轨道交通中实际运用的时间较短，对其进行系统研究的开展时间也较晚，系统构架多参照国外类似项目进行设计，终端设备的核心部件还需要依靠国外进口。各城市自动售检票系统建设多参照城市轨道交通清分系统、线网中心计算机系统、车站计算机系统、车站终端设备及车票的5层架构设置，网络架构较为复杂。各城市对自动售检票系统的建设标准不一致，终端设备的种类、功能、模块组成、外观和接口要求等方面也不一致。同一城市不同线路的终端设备的功能、模块组成、外观也不完全一致，很大程度上造成了各地轨道交通建设方和主流设备厂商的重复工作，也给后期运营维护工作增加了一定的负担。我国的人口数量众多，大、中型城市轨道交通客流量非常大，受自动售检票系统技术水平限制，乘客乘坐轨道交通经常需要排队；同时，也使自动售检票系统设备长时间处于高负荷工作状态，导致设备故障率高，也对轨道交通运营维护提出了很高的要求。同时，自动售检票系统设备种类多、设备组成模块繁杂，不同线路的同类设备功能和运营维护要求也不尽相同，这对运营维护人员的专业性提出了很高的要求。如何简化自动售检票系统架构，减少设备种类，减少终端设备复杂度，实现全国范围内自动售检票系统的标准化，方便乘客出行，提高自动售检票系统运营管理水平，降低自动售检票系统维护管理难度，这些都是自动售检票系统面临的问题。

二、自动售检票系统发展趋势

1. 网络架构扁平化

随着计算机、大数据、云技术和网络技术的发展，自动售检票系统将优化网络结构，逐渐向简单化、扁平化发展，将清分中心、线网中心合并建设，甚至将清分中心、线网中心和车站计算机合并建设，从传统的五层架构逐渐向三层或两层架构发展。

2. 实现自动售检票标准化

自动售检票技术的发展必须立足于标准化工作的有效实施，只有利用规范标准对其进行制约，才可以为其开辟良好的发展方向。2007年，我国针对城市轨道交通的自动售检票系统技术出台了相应的规范条例，从而为自动售检票系统技术的发展提供了理论基础，使其逐步走向规范化。近年来，我国又对城市轨道交通的自动售检票系统的工程验收工作进行了理论指导，对自动售检票的质量进行了重点分析。从这一现象看出，我国对自动售检票系统的重视力度不断加强，实现自动售检票系统的标准化也是大势所趋，也是现代化信息技术发展的必然结果，科学技术的不断发展使自动售检票系统的创新性、科学性和全面性在很大程度上得到了提高，从而为我国实现智慧城市轨道交通提供强大的理论支撑和技术支持。随着自动售检票系统标准的逐渐完善，自动售检票系统实现全国范围内的互联互通，乘客利用唯一的票证走遍全国将成为可能。

3. 新技术的应用

近年来，我国的互联网得到了飞跃式的发展，银行卡、二维码等新型电子支付手段被有效运用于城市轨道交通行业；同时，部分城市已经着手研究基于实名制的人脸识别技术在轨道交通内的应用，使轨道交通行业的发展具有很强的创新性。目前，自动售检票系统的创新是指在互联网、云计算和生物别技术的基础上，实现"互联网+"的自动售检票系统，实现了城市轨道交通的自动化、科学化和创新化。同时，随着5G技术的发展，万物互联成为可能，自动售检票系统组网方式也由传统的有线组网方式逐渐向无线组网方式发展。相比较于传统的自动售检票系统，创新型的自动售检票系统不仅在减少乘客购票时长、降低运营维护难度方面取得了巨大进步,还降低了现场施工难度、缩短了建设工期,很大程度上提高了乘客出行的舒适度和降低了系统建设维护成本。

4. 故障分析能力提高

自动售检票系统的设备较多、模块组成繁杂,导致故障具有多样性,传统的故障分析已经无法满足于当今的自动售检票系统发展。随着计算机、大数据等技术的发展,运营管理部门建立多技术指标的综合故障分析系统已成为可能。运营维护管理部门不仅要保障故障分析模型的切合度,并有效分析产生故障的影响因素,从而对其进行及时预警,使运营维护体系的主动性、预测性和预防工作落到实处;还要高度重视自动售检票系统的故障,将运营维护的智能化落到实处,从而完善故障预警系统的科学性,减轻运维人员的工作压力,有效控制运营维护成本。

我国的城市轨道交通虽然在近年来得到了一定的发展,但受科学技术水平的限制,在发展过程中仍存在一定的问题,这制约了我国的轨道交通自动售检票系统的发展。我国不仅要对自动售检票系统进行技术创新,保证其发展具有规范化的特点,在加强自身技术发展的同时,还要继续关注大数据、云技术、新型支付、生物识别、5G等新技术的发展,要将新技术融入,从而实现自动售检票系统发展的智能化,进一步为我国轨道交通事业的发展夯实基础。

复习思考题

一、选择题

1. 自动售检票系统是一种取代人工售检票的智能(　　)的一体化系统,是城市轨道运行系统中的关键子系统。

　　A. 售票　　　　　　　　　　B. 检票
　　C. 管理　　　　　　　　　　D. 控制

2. 自动售检票系统包括(　　)3种运营管理模式。

　　A. 正常运营模式　　　　　　B. 降级运营模式
　　C. 紧急放行模式　　　　　　D. 非正常运营模式

3. 下列属于降级运营模式的有(　　)。

　　A. 车费免检运行模式　　　　B. 时间免检运行模式
　　C. 紧急放行模式　　　　　　D. 列车故障运行模式

4. 城市轨道交通的自动售检票系统通常采用(　　)。

　　A. 分散式架构　　　　　　　B. 分级集中式架构
　　C. 区域式架构　　　　　　　D. 线路式架构

5. 自动检票机根据功能可以划分为(　　)3种。

　　A. 进站检票机　　　　　　　B. 出站检票机
　　C. 双向检票机　　　　　　　D. 三杆式检票机

6. 自动检票机根据阻挡装置的类型可以分为(　　)。
   A. 三杆式检票机　　　　　　　B. 双向检票机
   C. 扇门式检票机　　　　　　　D. 拍打门式检票机
7. 自动售票机安装在车站(　　),由乘客自行操作、自助购买车票。
   A. 付费区　　　　　　　　　　B. 付费区和非付费区之间
   C. 非付费区　　　　　　　　　D. 公共区域
8. 半自动售票机上传交易数据给哪个系统?(　　)
   A. 清分管理中心　　　　　　　B. 车站计算机系统
   C. 自动检票机　　　　　　　　D. MC
9. 自动售票机退出时无法打印小票,可能的故障原因有(　　)。
   A. 电源线断裂　　　　　　　　B. 串口通信线松动
   C. 打印纸用完　　　　　　　　D. 纸币找零不足

二、判断题

1. 在运营过程中,当车站或列车发生火灾、爆炸等危及乘客和工作人员安全的紧急情况,需要乘客紧急撤离车站时,应启用降级运营模式。　　　　　　　　　　　　(　　)
2. 自动售检票系统只能使用以磁卡为车票介质。　　　　　　　　　　　　　(　　)
3. 任一维修门被打开,设备自动进入暂停服务状态。　　　　　　　　　　　(　　)
4. 对硬币模块进行检修时,需对硬币模块光感、连接线等进行定期的清洁和检查。(　　)
5. 半自动售票机的发卡模块更换票箱时,能自动读取票箱的ID。　　　　　　(　　)

三、简答题

1. 什么是城市轨道交通自动售检票系统?
2. 自动检票机、自动售票机和半自动售票机分别由哪几个主要部件模块组成?
3. 简述自动检票机更换票箱的流程。
4. 简述自动售票机的故障现象和解决方法。

模块 3
电梯与自动扶梯

教学目标

1. 了解车站楼梯、自动扶梯的设置要求。
2. 了解电梯的基本结构和原理。
3. 掌握电梯发生故障时的救援方法。
4. 了解自动扶梯的构造和原理。
5. 掌握自动扶梯的操作方法。

建议学时

8 学时

单元 3.1 车站出入口、楼梯、自动扶梯概述

一、车站出入口

车站出入口的主要作用在于聚集和疏散客流,其位置一般可根据进出站客流的数量及方向确定。车站出入口不仅要满足进出站客流的通过能力,还要尽可能照顾各个方向的客流。一般浅埋车站出入口不少于4个,小站出入口不少于2个。

地下车站出入口平面类型一般有"一"字形、"L"形、"T"形3种基本形式和由基本形式变化而成的其他形式,如图 3-1 所示。

二、楼梯和自动扶梯

在城市轨道交通车站中,楼梯是最常用的一种竖向升降设施。在客流量不大的车站,当升降高差在8m以内时,一般采用楼梯;当升降高差大于8m时,考虑因高差较大,乘客行走费力,上升宜增设自动扶梯。

1. 楼梯

乘客使用的楼梯踏步高度宜采用 135～150mm，宽度宜采用 300～340mm。每个梯段的踏步不应超过 18 步，不得少于 3 步，休息平台宽度一般为 1200～1800mm。楼梯净宽度不应小于 2000mm，当楼梯净宽度大于 3000mm 时，中间应设栏杆扶手。踏步至吊顶的净高不应小于 2400mm。楼梯栏杆的高度不宜小于 1100mm。

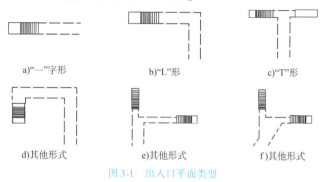

a)"一"字形　　　　b)"L"形　　　　c)"T"形

d)其他形式　　　　e)其他形式　　　　f)其他形式

图 3-1　出入口平面类型

车站用房区内，上、下层之间至少一处应设楼梯。除设在车站出入口的楼梯外，站厅层至站台层供乘客使用的楼梯，应设在付费区内。

城市轨道交通车站中的楼梯应坚固、安全和耐久，并采用阻燃材料制成，踏步应采取防滑措施。布置楼梯时，应参考下列规定：

（1）当楼梯与检票口为同一方向布置时，楼梯进口距检票口的净距离不宜小于 6m。

（2）当楼梯与自动扶梯并列布置时，其相互之间的位置无明确规定，一般采取将楼梯下踏步最后一级与自动扶梯下工作点取平。

设在车站用房区供车站工作人员使用的楼梯应设封闭楼梯间。楼梯宽度不应小于 1200mm。封闭楼梯间应符合《建筑设计防火规范（2018 年版）》（GB 50016—2014）的规定。

2. 自动扶梯

在客流量大的城市轨道交通车站中，自动扶梯是便利、且迅速的升降设备。其优点是运送效率高，可以减轻乘客疲劳，出故障停运时，仍可作为楼梯使用；其缺点是造价较高。各国城市轨道交通车站中普遍采用了自动扶梯。我国城市轨道交通车站自动扶梯根据具体情况，采取一次安装或分期安装。

当车站出入口的提升高度超过 8m 时，宜设上行自动扶梯；当车站出入口的提升高度超过 12m 时，除设上行自动扶梯外，还宜设下行自动扶梯。当站厅层与站台层的高差在 5m 以内时，宜设上行自动扶梯；当站厅层与站台层的高差超过 5m 时，除设上行自动扶梯外，还宜设下行自动扶梯。站厅层至站台层供乘客使用的自动扶梯，应设在付费区内。在布置自动扶梯时，应参考下列规定：

（1）当自动扶梯相对布置时，两自动扶梯工作点间距离不小于 20m。

（2）自动扶梯工作点至墙的距离：在站台层处不小于 8.5m，在出入口处不小于 6m。

（3）当自动扶梯与楼梯相对布置时，中间的距离不宜小于 15m。

（4）自动扶梯工作点至检票口的距离不宜小于 10m。

(5)当分段布置自动扶梯时,两段之间的距离不应小于 8.5m。

有无障碍设计要求以及在车站用房区内,站厅层至站台层之间宜设垂直电梯,以方便残疾人通行。电梯应设封闭前室并符合《建筑设计防火规范(2018 年版)》(GB 50016—2014)的规定。

城市轨道交通车站无障碍设施简介

城市轨道交通车站无障碍设施,是指为保障残疾人、老年人等群体的安全通行和使用便利的服务设施。根据使用对象划分,城市轨道交通车站的无障碍设施主要包括以下两大类:

(1)根据盲人具体出行需求设置的盲导带、盲文导向牌。①盲导带。车站内的盲导带由出入口至通道至站厅,经由专用电梯(或楼梯升降机)至站台,引导盲人乘客完成进站、乘车出站一系列行为活动。②盲文导向牌。在车站内行进路中的关键节点处(如入口、出口、入闸、站台等位置)配套设有盲文导向牌,包括盲文入口导向牌、盲文出口指引牌、盲人求助按钮牌(盲人求助按钮)、盲文乘车导向牌。

(2)根据肢残人士出行需求设置的专用电梯、楼梯升降机、轮椅坡道、无障碍导向标识和无障碍洗手间。①专用电梯。专用电梯设置在站厅层付费区通往站台层或出入口通往站厅层非付费区。专用电梯的使用功能完备,有盲文功能按键、求助按键、引导说明等。专用电梯外部门上方设有专用电梯导向标识,门前方地面设置有盲导带。此外,还根据肢残人士的安全需要,还在电梯内设置了面向电梯门的镜子。②楼梯升降机。楼梯升降机设置在出入口通往站厅的通道楼梯处,同时在出入口配套设有轮椅坡道。楼梯升降机设有完备的对讲及操作装置,可帮助肢残人等完成进入车站的行为活动。③无障碍导向标识。为了引导残疾人安全及顺畅地完成车站内每一层的相关乘车活动,地铁车站通道内、站厅层、站台层及各无障碍设备处等位置连续设置了无障碍导向标识。④无障碍洗手间。无障碍洗手间为不分性别独立卫生间,配备专门的无障碍设施,包含方便乘坐轮椅人士以及需要人协助的人开启的门、专用的洁具、与洁具配套的安全扶手等,给残障者、老人或妇幼如厕提供便利。

楼梯、自动扶梯、出入口和通道的通过能力

根据防灾设计要求,车站内所设楼梯、自动扶梯、出入口和通道的通过能力应保证在远期高峰小时客流量时,发生火灾的情况下,6min 内将每列车超高峰小时客流、站台上的候车人员及工作人员疏散完毕。对于站台至站厅层间的疏散时间,计算公式如下:

$$T = t + \frac{-列车满载量 + 候车人数 + 工作人员数量}{楼梯通过能力 + 扶梯通过能力}$$

式中: t——发生事故的反应时间(min);

候车人数——按列车发车30对/h,2min一列计算;

工作人员数量——一般按20人计算。

对于出入口、通道,应根据疏散人员数量及通过能力,验算其宽度和疏散时间是否满足疏散客流的要求。计算原理与上述一致,见表3-1。

车站出入口、通道及其他部位最大通过能力 表3-1

部位名称		通过人数(人/h)
1m宽通道	单向通行	5000
	双向混行	4000
1m宽楼梯	单向下楼	4200
	单向上楼	3700
	双向混行	3200
1m宽自动扶梯		8100
1m宽自动人行步道		9600
人工检票口:月票		3600
人工检票口:车票		2600
自动检票机		1800
半自动售票机		900
人工售票口		1200

单元 3.2　电梯构造及原理

根据无障碍设计要求,在车站用房区内,站厅层至站台层之间宜设垂直电梯,以方便残疾人及携带重行李的乘客通行。

一、电梯的基本结构及主要组成系统

电梯将电力或液体作为拖动动力,轿厢可以运送乘客或货物,运行在两根垂直的或倾斜度小于15°的刚性导轨之间。电梯的驱动方式包括电力式驱动(强制式驱动和曳引式驱动)和液压式驱动两种。电梯的基本结构如图3-2所示。

电梯的结构组成包括机械装置与电气控制系统两大部分。其中,机械装置包括曳引系统、导向系统、轿厢系统、重力平衡系统、门系统、机械安全保护系统等,电气控制系统主要包括电力拖动系统、电气控制系统和电气安全保护系统等。电梯各系统的功能及主要部件与装置见表3-2。

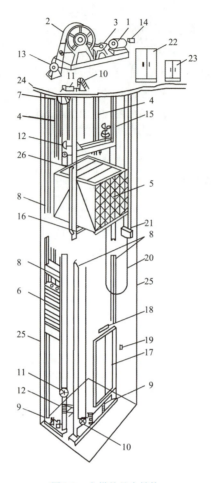

图 3-2 电梯的基本结构

1-主传动电动机;2-曳引机;3-制动器;4-牵引钢丝绳;5-轿厢;6-对重装置;7-导向轮;8-导轨;9-缓冲器;10-限速器;11-极限开关(包括转紧绳轮、传动绳索);12-限位开关(包括向上限位、向下限位);13-楼层指示器;14-球形速度开关;15-平层感应器;16-安全钳及开关;17-厅门;18-厅外指层灯;19-召唤灯;20-供电电缆;21-接线盒及线管;22-控制屏;23-选层器;24-顶层地坪;25-电梯井道;26-限位器挡块

电梯各系统的功能及主要部件与装置　　　　表 3-2

系统名称		功能	主要部件与装置
机械装置系统	曳引系统	输出与传递动力,驱动电梯运行	曳引机、钢丝绳、导向轮、反绳轮等
	导向系统	限制轿厢和对重的活动自由度,使轿厢和对重只能沿着导轨做上、下运行	轿厢的导轨、对重的导轨及其导轨架
	轿厢系统	用于运送乘客和货物的组件,是电梯的工作部分	轿厢架和轿厢体
	重量平衡系统	相对平衡轿厢重量以及补偿高层电梯中曳引绳长度的影响	对重装置和重量补偿装置等
	门系统	乘客或货物的进出口,运行时层门、轿门必须封闭,到站时才能打开	轿厢门、层门、开门机、连动机构、门锁等

续上表

系统名称		功能	主要部件与装置
机械装置系统	机械安全保护系统	保证电梯安全使用,防止一切危及人身安全的事故发生	限速器、安全钳、缓冲器、端站保护装置等
电气控制系统	电力拖动系统	提供动力,对电梯实行速度控制	曳引电动机、供电系统、速度反馈装置、电动机调速装置等
	电气控制系统	对电梯的运行实行操纵和控制	操纵装置、位置显示装置、控制柜、平层装置、选层器等
	电气安全保护系统	保证电梯安全使用,防止一切危及人身安全的事故发生	超速保护装置,供电系统断相、错相保护装置,超越上、下限工作位置的保护装置,层门锁与轿厢电气联锁装置,等等

二、电梯曳引原理

曳引式驱动电梯是最常用的一种电梯。曳引式驱动电梯的曳引传动关系如图3-3所示。电梯曳引原理:安装在机房的电动机通过减速器、制动器等组成的曳引机,使曳引钢丝绳通过曳引轮,一端连接轿厢,另一端连接对重装置,轿厢与对重装置的重力使曳引钢丝绳压紧在曳引轮绳槽内产生摩擦力,这样电动机一转动就带动曳引轮转动,驱动曳引钢丝绳,拖动轿厢和对重装置做相对运动,即轿厢上升,对重装置下降;或轿厢下降,对重装置上升。于是,轿厢就在井道中沿导轨上、下往复运行,电梯就能执行垂直升降的任务。轿厢与对重装置能做相对运动是靠曳引钢丝绳和曳引轮间的摩擦力来实现的,这种力就称为曳引力。要使电梯运行,曳引力T必须大于或等于曳引钢丝绳中较大荷载S_1与较小荷载S_2之差(图3-4),即

$$T \geq S_1 - S_2$$

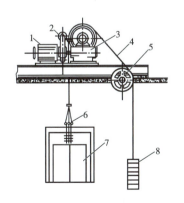

图3-3 曳引式驱动电梯的曳引传动关系
1-电动机;2-制动器;3-减速器;4-曳引绳;5-导向轮;6-绳头组合;7-轿厢;8-对重装置

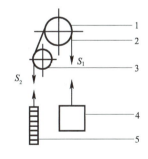

图3-4 电梯曳引原理
1-曳引轮;2-曳引钢丝绳;3-导向轮;4-轿厢;5-对重装置

曳引力是曳引钢丝绳与曳引轮绳槽相互摩擦产生的,因此必须保证曳引钢丝绳不在曳引轮绳槽内打滑。增大曳引力的方法如下:

(1)选择合适形状的曳引轮绳槽。
(2)增大曳引钢丝绳在曳引轮上的包角。
(3)选择耐磨且摩擦系数大的材料制造曳引轮。
(4)曳引钢丝绳不能过度润滑。
(5)使平衡系数为0.4~0.5,电梯不超过额定载荷。

单元3.3　电梯常规操作及常见故障处理方法

一、电梯常规操作

1. 轿厢内的按钮介绍

轿厢内的按钮一般有报警按钮、楼层选择按钮、开门按钮和关门按钮等,如图3-5所示。

2. 电梯的开启

插入钥匙并将钥匙转到电梯开位"0",然后将钥匙拔出,再按一般电梯的操作使用,如图3-6a)所示。开启后试乘2~3次,检查厅门开启是否良好、厅门地坎有无异物、轿内对讲功能是否正常,然后方可离开。

3. 电梯的关闭

插入钥匙并将钥匙转到电梯关位"1",出现"暂停"字样后,电梯重新开关门一次,当电梯再次关好门后电梯关闭,最后拔出钥匙,操作完毕,如图3-6b)所示。

图3-5　轿厢内的按钮图示

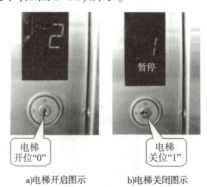

a)电梯开启图示　　b)电梯关闭图示

图3-6　电梯的开关图示

> 小贴士
>
> (1)电梯关梯前应确认轿厢内没有人。
> (2)站内电梯的基站在站厅层,出入口电梯的基站在地面层。
> (3)电梯在关梯后,将不再响应其余呼梯信号,直接进入基站,打开门后电梯将关门,停止运行。

二、电梯常规故障处理方法

电梯发生故障时的救援必须做到一人操作,一人监控。相关教学资源请扫描二维码7~二维码10。

电梯常见故障有以下3种情况。

1. 电梯停在平层区域但不能自动开门(图3-7)

故障处理步骤如下:

第一步:轮值人员接到求救信息后要与乘客沟通,确认电梯停止位置和人员数量,告诉乘客在接到指示之前不得自行扒开梯门。

第二步:救援人员带齐电梯的开梯钥匙、控制柜钥匙和三角钥匙尽快到达故障现场。

图3-7 电梯停在平层区域但不能自动开门

第三步:到达电梯停止位置后确认电梯是否停在平层区域,否则按其他情况处理。

第四步:救援人员与乘客沟通,要求乘客保持镇静,请勿惊慌。

第五步:到控制柜处,用 CH751/SHENGJIU 钥匙打开控制柜。

第六步:断开主断路器 JH 开关(图3-8),切断电梯电源后关闭控制柜门。

第七步:救援人员到电梯停止位置用三角钥匙打开层门(图3-9)后,注意层门地坎与轿厢地坎之间的高度差和间隙,防止人员跌落井道,然后直接将乘客从轿厢救出。

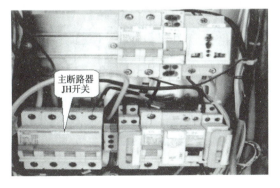

图3-8 主断路器 JH 开关

图3-9 三角钥匙孔位置图示

第八步:乘客被救出后,必须关闭所开启的层门并保证在外力的作用下也无法打开。立即停用,放置暂停服务标志牌,报修机电轮值人员。

注意:救援人员在使用三角钥匙打开电梯层门之前,须事先双脚站稳并确认轿厢的位置,同时确认同伴及其他人员均处于安全的位置。开启层门时切勿用力过大,以免失去平衡,发生意外。

2. 电梯停在非平层区域且电梯有电

故障处理步骤如下:

第一步:轮值人员接到求救信息后要与乘客沟通,并确认电梯停止位置和人员数量,告诉乘客在接到指示之前不得自行扒开电梯门。

第二步:救援人员应带齐电梯的开梯钥匙、控制柜钥匙和三角钥匙尽快到达故障现场实施救援工作。

第三步:救援人员到达电梯停止位置现场后,先确认电梯是停在非平层区域,否则按其他情况处理;对于非观光电梯应用三角钥匙将层门展开一条细缝来检查轿厢所在位置。

第四步:救援人员与乘客沟通,告诉其在救援期间电梯将可能启动和停止几次,要求乘客保持镇静,请勿惊慌。

第五步:到控制柜处,用 CH751/SHENGJIU 钥匙打开控制柜将 JRH 开关由"NORM"(正常)位置旋转到"JRH"(召唤)位置,如图 3-10 所示。

第六步:按 ESE 盒上的【DRH-U】(向上)按钮或【DRH-D】(向下)按钮控制轿厢上下移动。如发生紧急情况则按压【STOP】按钮,如图 3-10 所示。

同时,LR-U(向上)或 LR-D(向下)指示灯亮,如图 3-11 所示。若不能实现轿厢移动应转为第 2 种故障情况处理。

第七步:当轿厢运行到平层位置时,控制屏上的平层指示灯 LUET 会亮,表示轿厢已到达平层区域,此时应马上松开操作按钮,如图 3-12 所示。

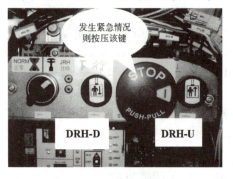

图 3-10 控制柜图示

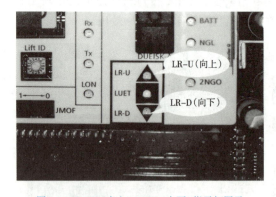

图 3-11 LR-U(向上)、LR-D(向下)指示灯图示

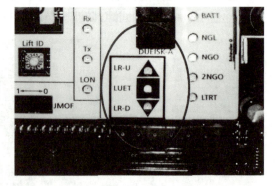

图 3-12 平层指示灯 LUET 图示

第八步:断开主断路器 JH 开关(图 3-8),并按情况进行处理。

3. 电梯停在非平层区域且电梯没电

故障处理步骤如下:

第一步:轮值人员接到求救信息后要与乘客沟通,并确认电梯停止位置和人员数量,告诉乘客在没有接到指示之前不得自行扒开电梯门。

第二步:救援人员带齐无机房电梯的开梯钥匙、控制柜钥匙和三角钥匙后应尽快到达故障现场实施救援工作。

第三步:救援人员到达电梯停止位置现场后,先确认电梯是否停在非平层区域,否则按其他情况处理;对于非观光电梯应用三角钥匙将层门展开一条细缝来检查轿厢在何位置。

第四步:救援人员与乘客沟通,告诉其在救援期间电梯将可能启动和停止几次,要求乘客保持镇静,请勿惊慌。

第五步:到控制柜处,用 CH751/SENGJIU 钥匙打开控制柜断开主断路器 JH 开关,切断电梯电源。同时,按住"▲""▼"按钮[图 3-13 中的①]观察 LR-U、LUET、LR-D 指示灯的状态[图 3-13 中的②],若指示灯处于熄灭状态表示电梯已超速应立即停止操作,关闭控制柜门通知维修人员进行抢修。

图 3-13 控制柜图示

第六步:将救援工具装在松闸盘上后扳动操作手柄使轿厢移动,如图 3-14 所示。如果 LR-U 或 LR-D 指示灯亮并伴有蜂鸣声,表示轿厢移动速度过快,应立即将松闸手柄复位至开始位置。

第七步:不断地观察 LR-U、LUET、LR-D 指示灯的状态,小心地向下释放松闸手柄使轿厢逐步地缓慢移动,当轿厢接近门区时每次只能移动轿厢 10~15cm 以防止冲顶或蹲底,直到看见平层指示灯 LUET 指示灯亮时应立即松开松闸手柄,此时表示轿厢已到达平层区域,如图 3-15 所示。

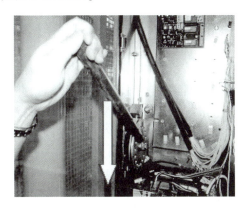

图 3-14 松闸盘图示

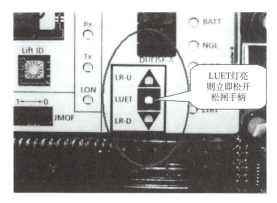

图 3-15 平层指示灯 LUET 图示

第八步:拆除松闸手柄,关闭控制柜门,根据第 1 种故障情况进行处理。

【典型任务 3-1】 电梯系统认知

1. 任务描述

(1)能熟练地指出电梯的各部分结构,并说出各部分结构的作用。

(2)了解电梯系统的工作原理。

(3)掌握电梯系统的日常使用规范。

(4)能够正确地分析电梯系统常见故障,并能及时采取应急处理程序。

2. 任务实施

(1)将授课班级学生分组,每5~8人为一个学习小组。

(2)实地调研或网络查阅所在城市地铁某条线路使用的电梯,把电梯的各部分结构汇总在本教材附表3-1"典型任务实训工单"的表 A 中。

(3)结合校内电梯实训,把电梯的各部分名称汇总在本教材附表3-1"典型任务实训工单"的表 A 中。

(4)教师设置不同的故障情境,小组成员分角色模拟地铁乘客在乘坐地铁的过程中遇到故障时,地铁工作人员如何实施应急救援,并把具体的处理流程步骤汇总在本教材附表3-1"典型任务实训工单"的表 B 中。

单元 3.4　自动扶梯构造及原理

一、自动扶梯的构造

自动扶梯作为城市轨道交通车站内集散乘客的主要运输工具,它可以将乘坐城市轨道交通的乘客安全、快捷、舒适地送入或送出车站,是城市轨道交通车站建筑设计中非常重要的一个环节。自动扶梯作为主要的大运载工具,能有效地满足处于地面至站厅层、站厅层至站台层不同高程间乘客的乘降需要,改善乘客乘车条件,增加乘车舒适度。

自动扶梯由一系列的梯级与两根链条连接在一起,在按一定的线路布置的导轨上运行。梯级是一种特殊结构形式的四轮小车,牵引链条绕过上端牵引链轮和下端张紧链轮,并由上、下分支若干直线段和曲线段构成闭合回路,环路上分支中的各个梯级必须严格保持水平,以供乘客站立。梯级运行的线路称为自动扶梯的梯路。扶梯两侧装有与梯路同步运行的扶手装置,以供乘客扶持之用。

常见自动扶梯的分类见表3-3。

常见自动扶梯的分类　　　　表 3-3

序号	特征	分类名称
1	按驱动装置的位置分类	端部驱动自动扶梯、中间驱动自动扶梯
2	按扶手外观分类	全透明扶手自动扶梯、半透明扶手自动扶梯、不透明扶手自动扶梯
3	按扶梯梯路线型分类	直线型自动扶梯、螺旋形自动扶梯
4	按使用条件分类	普通型自动扶梯、公共交通型自动扶梯

续上表

序号	特征	分类名称
5	按提升高度分类	小提升高度(最大至8m)自动扶梯、中提升高度(最大至25m)自动扶梯、大提升高度(最大可达65m)自动扶梯
6	按运行速度分类	恒速自动扶梯、可调速自动扶梯

自动扶梯主要由桁架、主机(工作制动器及附加制动器)、梯路导轨系统、栏杆(围裙板及围裙板防夹装置、内外盖板、护壁板)、扶手装置、梯级链、梯级、梳齿及支撑板(前沿板)、检修盖板和楼层板(床盖板)组成。自动扶梯的基本构造如图3-16所示。

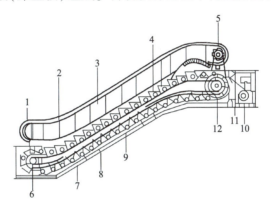

图3-16　自动扶梯的构造

1-扶手传动滚轮；2-扶手带；3-栏板；4-铝合金梯级；5-扶手驱动瓣轮；6-从动张紧瓣轮；7-金属构架；8-牵引轴；9-牵引瓣条；10-动力装置；11-机房盖板；12-梯级牵引瓣轮

自动扶梯的布置排列有平行排列、连续交叉排列、连贯排列和"X"交叉排列4种。

自动扶梯的基本构件包括桁架、驱动装置、扶手装置、梯级、梯路导轨和梯级链条,如图3-17所示。

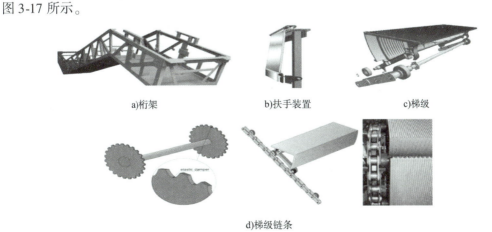

a)桁架　　　　　b)扶手装置　　　　　c)梯级

d)梯级链条

图3-17　自动扶梯的构件

桁架是指自动扶梯的基础构件，供支撑梯级、踏板、胶带及运行机构等部件的金属结构体。

驱动装置是指驱动自动扶梯运行的部件，其作用是将动力传递给梯路和扶手装置，以完成梯路的提升和连续循环运转。驱动装置一般由电机、减速器、制动器、牵引链轮主轴、牵引链轮及牵引链等组成。

扶手装置位于自动扶梯和自动人行道两侧，既对乘客起安全防护作用，又便于乘客站立扶握的部件。扶手装置由扶手盖板、扶手导向、护壁板、围裙板和外包板等组成。

梯级是指在桁架上循环运行，供乘客站立的部件。

梯路导轨使梯级按一定的规律运动以防止梯级跑偏，承受梯级主轮和副轮传递来的梯路载荷，具有光滑、平整、耐磨的工作表面。

梯级链条主要由梯级主轮、内外链片、异型销轴、圆柱销轴、套筒等组成。通常，在梯级两侧各装设一条，两侧梯级链条通过梯级轴连接起来，一起牵引梯级运行。

知识链接

城市轨道交通车站自动扶梯的设计要求

城市轨道交通车站自动扶梯采用公共交通重载型自动扶梯，是各大扶梯厂商专门针对城市轨道交通大客流量所研发的梯型，这种扶梯在结构、配置和性能上，具有比普通扶梯更完善的安全性、更长的工作寿命。参照《地铁设计规范》（GB 50157—2013），城市轨道交通车站自动扶梯设计应符合如下要求：

（1）车站出入口、站台层至站厅层应设上、下行自动扶梯，在设置双向自动扶梯困难且提升高度不大于10m处，可仅设上行自动扶梯。每座车站至少有一个出入口设上、下行自动扶梯；站台层至站厅层至少设一处上、下行自动扶梯。

（2）城市轨道交通应采用公共交通重载型自动扶梯。

（3）自动扶梯连续运行时间，每天不应少于20h，每周运行不应少于140h，每3h应能以100%制动载荷连续运行1h。

（4）自动扶梯的额定速度不应小于0.5m/s，宜选用0.65m/s。

（5）车站出入口自动扶梯的倾斜角度不应大于30°，站台至站厅自动扶梯的倾斜角度应为30°。

（6）自动扶梯应具备变频调速的节电功能。

（7）设置于室外的自动扶梯应选用室外型产品，上下平台应配有防滑设施；严寒地区应配有防止冰雪积聚的设施。

（8）自动扶梯应设置环境与设备监控系统。

（9）自动扶梯布置处应设置摄像监视装置。

城市轨道交通车站自动人行道简介

城市轨道交通车站自动人行道是一种用于在车站内部水平或倾斜角度不大于12°的区域内连续、平稳地运送乘客的固定电力驱动设备,带有循环运行的走道(板式或带式),广泛应用于车站大厅、站台、换乘通道等区域,为乘客提供了舒适且安全的移动体验。

自动人行道在结构上与自动扶梯相似,主要由活动路面和扶手两部分组成。与自动扶梯不同,自动人行道的输送方向基本上是水平方向,垂直方向的位移比较小,使得乘客在车站内部的不同区域之间能够快速、方便地移动。此外,自动人行道在倾斜情况下也不会形成阶梯状,因此更加适用于轮椅使用者和其他行动不便的人群。城市轨道交通车站自动人行道具有如下几个方面的优点:

(1)输送能力强,能够均匀且连续地分流乘客,提高通行效率,减少拥堵和等待时间。

(2)可以输送乘客所携带的童车、残疾人用车、购物手推车等,进一步提高其实用性和便利性。

(3)乘坐舒适、平稳安静,乘客可以在移动中观赏景色,拥有开阔的视野。

(4)安全可靠、能耗较低、节省空间、立体感强且易于安装和维修。

二、自动扶梯的原理

自动扶梯是电梯产品的一个分支,具有很强的运送能力。自动扶梯的规格见表3-4,自动扶梯的示意图如图3-18所示。

自动扶梯的规格   表3-4

项目	输送能力(人/h)	名义速度*(m/s)	提升高度 H(m)	梯级宽度 W(mm)	倾斜角度*(°)	装饰板质量	排列方式
规格	6000~9000	0.50~0.75	3~8	800~1200	≤35°	全透明,有、无支撑	平行或交叉

注:*根据《自动扶梯和自动人行道的制造与安装安全规范》(GB 16899—2011),自动扶梯的倾斜角不应大于30°,当提升高度 H 不大于6m且名义速度不大于0.50m/s时,倾斜角允许增至35°;当自动扶梯倾斜角不大于30°时,自动扶梯的名义速度不应大于0.75m/s;当自动扶梯倾斜角大于30°但不大于35°时,自动扶梯的名义速度不应大于0.50m/s。

一系列的梯级与两根牵引链条连接在一起,在沿一定线路布置的梯路导轨上运行。牵引链条绕过上端牵引链轮、下端张紧链轮并通过上、下分支的若干直线、曲线区段构成闭合环路。这一环路的上分支中的各个梯级(也就是梯路)应严格保持水平,以供乘客站立。上牵引链轮(也就是主轴)通过减速器等与电动机相连以获得动力。扶梯两旁装有与梯路同步运行的扶手装置,供乘客使用。扶手装置同样由电动机驱动。

由于自动扶梯是连续工作的,因此,在人流集中的公共场所(如商店、车站、机场、码头、大厦及地下铁道车站等)需要在较短时间内输送大量人员的地方,宜设置自动扶梯。为了保证自动扶梯乘客的绝对安全,要求装设多种安全装置。

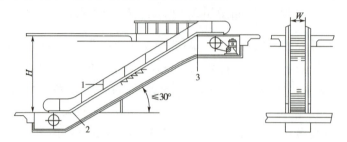

图 3-18　自动扶梯示意图
1-支撑;2-下基点;3-上基点

自动扶梯与间歇工作的电梯相比,具有以下优点:
(1)生产率大,即输送能力大。
(2)人流均匀,能连续运送人员。
(3)自动扶梯可以逆转,即能向上或向下运转。
(4)当停电或重要零件损坏需要停用时,可作普通扶梯使用。

自动扶梯与间歇工作的电梯相比,具有以下缺点:
(1)自动扶梯结构有水平区段,有附加的能量损失。
(2)大提升高度自动扶梯,人员在其上停留时间长。
(3)造价较高。

前沿技术　　城市轨道交通车站电梯与自动扶梯的未来发展趋势

城市轨道交通车站的电梯与自动扶梯作为重要的公共交通设施,其未来发展趋势主要包括以下内容。

1. 智能化和自动化

随着技术的发展,城市轨道交通车站的电梯与自动扶梯将更加智能化和自动化。例如,通过引入物联网技术和传感器,可以实现远程监控和自动调度,提高运行效率和响应速度。同时,智能化的电梯和自动扶梯能更好地适应客流的变化,为乘客提供更加便捷的服务。

2. 节能环保

随着对绿色出行和环保的重视,城市轨道交通车站的电梯与自动扶梯也将更加注重节能和环保。例如,采用更加节能的电机和控制系统及环保材料,降低能耗和排放。同时,对旧电梯和自动扶梯进行改造,提高其节能环保性能,也是未来的发展趋势。

3. 安全性

安全始终是城市轨道交通车站电梯与自动扶梯最重要的考量因素。未来,随着安全技术的进步,电梯与自动扶梯的安全性能将得到进一步提升。例如,引入更先进的监控系统和应急处理机制,提高对突发事件的应对能力,保障乘客的安全。

4. 人性化设计

未来的城市轨道交通车站电梯与自动扶梯将更加注重人性化设计。例如,根据人体工程学原理优化电梯和自动扶梯的尺寸和布局,提供更加舒适的乘坐体验。同时,引入无障碍设施,方便残障人士的出行。

5. 定制化服务

随着城市的发展和城市轨道交通车站的多样化,电梯与自动扶梯的定制化服务也将成为未来的趋势。城市轨道交通运营企业根据车站的特点和需求,定制不同外观、功能和性能的电梯和自动扶梯,以满足不同场所的使用需求。

单元 3.5　自动扶梯的操作及应急处理方法

一、自动扶梯运行前的准备工作

自动扶梯运行前的准备工作如下:

(1)检查扶梯踏板、扶手带、梳齿板、裙板以及裙板与梯级间的间隙,清除夹在里面的碎纸、小石子和口香糖等物。

(2)确认自动扶梯周围的安全设施(三角区的护板,防止进入的栅栏、隔板及防护网)有无破损等异状。

(3)确认【紧急停止】按钮是否处于正常状态。如果【紧急停止】按钮处于被按压状态,必须将其恢复到正常状态。

二、开启自动扶梯的程序

开启自动扶梯的程序如下(相关教学资源请扫描二维码11):

(1)将钥匙插入操作盘上报警停止开关,鸣响警笛,发出信号将开始运转,放手后钥匙将回到中央位置,将其拔出。

(2)确认自动扶梯的踏板和梯级上没有乘客时,将钥匙插入运行开关后,向需运行的方向(上或下)旋转,自动扶梯开始工作;待稳定运行后放手,钥匙自动回到中央位置,即可将其拔出(启动时,一只手旋转钥匙,同时另一只手按在【紧急停止】按钮上,当出现异常时及时按动【紧急停止】按钮)。

车站车控室自动扶梯控制设备开启与停止的操作

(3)确认扶手带是否正常转动,如有异常响声或振动时,要立即按动【紧急停止】按钮,停住自动扶梯,同时通知维修人员。

(4)确认正常运转后,再试运转 5~10 min。

(5)如果试运转中按动【紧急停止】按钮,在问题处理完毕后,必须将红色罩复原。

三、关闭自动扶梯的程序

关闭自动扶梯的程序如下：
(1) 确认有无异常声响或振动，如有问题则关闭自动扶梯。
(2) 停止之前，不允许乘客进入自动扶梯的梯口。
(3) 将钥匙插入报警停止开关，鸣响警笛。
(4) 确认自动扶梯附近或扶梯梯级上无人后，再用钥匙开启停止开关。自动扶梯则停止运行。
(5) 一天的正常运行结束后须认真检查并清扫扶梯踏板、扶手带、梳齿板、裙板及扶梯下部专用房。
(6) 正常停止扶梯后，应采取措施，设置停止使用牌，防止乘客将其当作楼梯使用。

四、紧急停止按钮说明

当出现异常状况，必须使用【紧急停止】按钮时，应先通知乘客"紧急停止，请抓住扶手"，再进行操作。

1. 现场操作

(1) 正常状态：平时红色罩呈向外膨胀凸起状态。
(2) 操作时：用手指按压，凸起状态变塌陷状态。
(3) 操作后的状态：用手指按压红色罩的周围，使其中部恢复正常状态。

2. 车站控制室操作

(1) 敲破玻片。
(2) 按压按钮。
(3) 复位：拔起按钮。

五、自动扶梯转换运行方向的操作程序

自动扶梯转换运行方向的操作程序如下：
(1) 将钥匙插入报警停止开关，鸣响警笛。
(2) 确认扶梯梯级上无人后，再用钥匙开启停止开关，让自动扶梯停止运行并将钥匙拔出。
(3) 待完全停止后，将钥匙插入运行开关，开启需运行方向的开关（上或下）。

六、图解

自动扶梯启动步骤如下：
第一步：检查标志，确认自动扶梯周围的安全设施（三角区的护板，防止进入的栅栏、隔板及防护网）有无破损等异状，如图3-19、图3-20所示。
第二步：检查异物，如图3-21所示。

第三步:检查【紧急停止】按钮,如图 3-22 所示。

图 3-19　防止进入的围栏图示

图 3-20　三角区护板图示

图 3-21　检查异物图示

图 3-22　【紧急停止】按钮

第四步:启动自动扶梯。

(1)自动扶梯开启操作,如图 3-23 所示。

图 3-23　自动扶梯开启操作图示

(2) 自动扶梯关停操作，如图 3-24 所示。

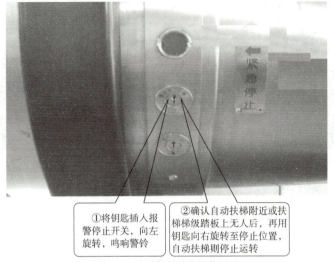

①将钥匙插入报警停止开关，向左旋转，鸣响警铃

②确认自动扶梯附近或扶梯级踏板上无人后，再用钥匙向右旋转至停止位置，自动扶梯则停止运转

图 3-24　自动扶梯关停操作图示

(3) 自动扶梯紧急停止操作，如图 3-25 所示。

(4) 自动扶梯故障时防护设置，如图 3-26 所示。

当出现异常状况，必须使用【紧急停止】按钮时，应先通知乘客"紧急停止，请抓住扶手"，再按下【紧急停止】按钮

用栅栏等挡住梯口，放置"暂停服务"标志牌

图 3-25　自动扶梯紧急停止操作图示　　　图 3-26　自动扶梯故障防护设置图示

【典型任务 3-2】 自动扶梯系统认知

1. 任务描述

(1) 能熟练地指出自动扶梯的各部分结构，并说出各部分结构的作用。

(2) 了解自动扶梯系统的工作原理。

(3) 掌握自动扶梯的日常操作步骤。

(4) 能够正确地分析自动扶梯的常见故障，能及时采取应急处理程序。

2. 任务实施

（1）将授课班级学生分组，每5～8人为一个学习小组。

（2）实地调研或网络查阅，汇总常见自动扶梯的种类及特点并制作PPT，以小组为单位进行汇报。

（3）实地调研或网络查阅所在城市地铁某条线路使用的自动扶梯，把自动扶梯的各部分结构和校内实训室中自动扶梯的各部分名称汇总在本教材附表3-2"典型任务实训工单"的表A中。

（4）根据教师设定的开启自动扶梯、关闭自动扶梯、紧急停止自动扶梯、转变自动扶梯运行方向等任务，进行分小组操作，并把操作步骤汇总在本教材附表3-2"典型任务实训工单"的表B中。

复习思考题

一、选择题

1. 直梯轿厢内的按钮一般分为（　　）等几种。
   A. 报警按钮　　　　　　　　B. 楼层选择按钮
   C. 开门按钮　　　　　　　　D. 关门按钮

2. 电梯共由（　　）、厅轿门和开关系统、机械安全保护系统等组成。
   A. 导向系统　　B. 电机系统　　C. 轿厢系统　　D. 重力平衡系统

3. 自动扶梯按梯路线型可分为（　　）。
   A. 普通型自动扶梯　　　　　B. 直线型自动扶梯
   C. 公共交通重载型自动扶梯　D. 螺旋形自动扶梯

4. 下面属于自动扶梯的优点有（　　）。
   A. 生产率大，即输送能力大
   B. 有紧急停止控制功能
   C. 自动扶梯可以逆转，即能向上或向下运转
   D. 当停电或重要零件损坏需要停用时，可作普通扶梯使用

5. 城市轨道交通车站的自动扶梯应采用（　　）。
   A. 公共交通重载型　　　　　B. 普通型
   C. 螺旋形　　　　　　　　　D. 恒速型

二、判断题

1. 轿厢与对重装置能做相对运动是靠曳引钢丝绳和曳引轮间的摩擦力来实现的。
   （　　）

2. 电梯的驱动方式包括电力驱动和曳引驱动两种。　　　　　　　　　（　　）

3. 车站消防电梯具备消防联动功能，当发生火灾时，停在顶层，处于打开状态。（　　）

4. 电梯在关梯后，将不再响应其余呼梯信号，直接进入基站，打开门后电梯将关门，停止运行。
   （　　）

5. 梯级在桁架上循环运行,是供乘客站立的部件。（   ）
6. 每座车站至少有一个出入口和站台层至站厅层至少有一处必须设上、下行自动扶梯。（   ）
7. 自动扶梯中的提升高度最大至23m。（   ）
8. 自动扶梯连续运行时间,每天不应少于20h,每周运行不应少于140h。（   ）

三、简答题

1. 城市轨道交通车站出入口有哪几种形式？数量有何要求？
2. 车站楼梯、自动扶梯的设置有何要求？
3. 电梯结构包括哪两部分？这两部分各自包括哪些系统或装置？
4. 简述电梯曳引原理。
5. 电梯停在平层区域但不能自动开门的故障情况下应如何救援？
6. 电梯停在非平层区域,在电梯有电和电梯无电的情况下,救援工作有何不同？
7. 简述自动扶梯的工作原理。
8. 自动扶梯运行前要进行哪些准备工作？
9. 简述自动扶梯的开启操作步骤。

模块 4 站台门系统

教学目标

1. 掌握站台门系统的概念、分类及其功能。
2. 了解站台门系统的机械结构。
3. 掌握站台门控制及监视系统的结构原理。
4. 掌握站台门的运营前检查和基本操作。
5. 掌握站台门常见故障的处理流程。

建议学时

10 学时

单元 4.1 站台门系统概述

城市轨道交通站台门系统(图 4-1),安装于地铁、轻轨等城市轨道交通的车站站台边缘,将轨道与站台候车区隔离开来,设有与列车门相对应、可多级控制开启与关闭滑动门的连续屏障,简称站台门。站台门作为城市轨道交通的新型设备系统,在广州地铁 2 号线首次投入使用。由于站台门能有效地减少空气对流造成的站台冷热气的流失,保证列车、乘客进出站台时的安全,降低列车运行所产生的噪声对车站的影响,为乘客营造一个安全、舒适的候车环境,具有节能、安全、环保、美观等功能,它越来越得到相关建设部门的认同。

一、站台门系统分类

站台门按其结构形式可分为封闭式站台门和开放式站台门两大类。封闭式站台门就是通常所说的屏蔽门,开放式站台门可分为全高站台门和半高站台门两种。

1. 封闭式站台门

封闭式站台门安装于地铁车站,全封闭,具有密封性能的城市轨道交通,站台门系统,通常被称为屏蔽门,如图 4-2 所示。

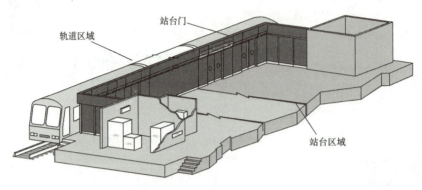

图 4-1　站台门

图 4-2　封闭式站台门(屏蔽门)

站台门是一道自上而下的全封闭玻璃隔断墙，沿着车站全站台边缘设置，将站台区域与列车区域分隔开来。站台门多用于有空调系统的地下车站，其主要的功能和特点如下：

(1) 可防止乘客因拥挤、意外掉下站台或者跳轨自杀，以保证乘客的安全。

(2) 提供良好的空气密封性，减少空调的能量消耗，降低运营成本。

(3) 提供站台声音阻隔，降低车辆噪声和站台上的活塞风效应，为乘客构建一个舒适、安全、美观的候车环境。

(4) 门运动动能的设计及防挤压模式能够保证乘客不被夹伤。

(5) 采用直流无刷电机驱动，实现无级调速，传动方式采用丝杆或齿形带形式，使门运动平稳。

(6) 防滑门槛可以防止乘客跌倒。

(7) 门体采用钢化玻璃和发纹不锈钢包边框架(或铝合金框架)，门扇刚度较好。

2. 开放式站台门

(1) 全高站台门

全高站台门安装于地铁、轻轨等城市轨道交通的车站，门体结构超过人体高度，门体顶部距离站厅底面有一段不封闭空间，不具有密封性能的城市轨道交通站台门，其总体高度为 2050mm，如图 4-3 所示。

与站台门相比，两者的结构形式基本相同，只是全高站台门的上部不封闭，门体的下部可以根据需要设置通风口，多应用于没有空调系统的地下车站。全高站台门的主要的功能和特点如下：

① 除不能实现站台与轨道区间的密封隔离以外，全高站台门其他优点和站台门相同。

② 可比较容易地升级为站台门。

(2) 半高站台门

半高站台门主要安装于地铁、轻轨等城市轨道交通的地面或高架车站,其门体结构不超过人体高度,不具有密封性能的城市轨道交通站台门,其总体高度为1500mm,如图4-4所示。

图4-3　全高站台门　　　　　　　　图4-4　半高站台门

半高站台门的高度一般为1.2~1.7m,安装在站台边缘,将站台区域与轨道区域分隔开来,主要目的是提高安全性。与前两种形式相比,半高站台门主要的功能和特点如下:

①可防止乘客因拥挤、意外掉下站台或者跳轨自杀,以保证乘客的安全。

②安装简单快捷,与土木建筑工程接口较少。

③造价低。

④建设周期短。

二、站台门系统基本设计原则

站台门系统基本设计原则如下:

(1)站台门要根据列车具体编组形式、停车精度要求、采用的车体类型(A型车、B型车)、列车运行速度及当地气候条件(如温度、湿度、风压、地震条件等)等资料进行综合设计。

(2)站台门应设置在城市轨道交通车站站台边的有效站台长度范围以内,以有效站台中心线为基准向两端对称布置。

(3)任何时候站台门在站台边缘的设置和外形尺寸不得侵入列车行驶动态包络线,站台门系统的任何构件在轨道侧应满足现行《地铁限界标准》(CJJ/T 96)规定的设备限界要求。

(4)车站设置站台门时,安装尺寸应考虑在门体弹性变形状态下,站台门最外突出点至车辆限界间应有不小于25mm的安全间隙。

(5)站台门最大运行强度一般保证至少每2min开闭1次,每天可连续正常运行20h,每年可连续运行365d。

三、站台门功能

站台门功能包括如下：

(1) 防止乘客或物品因车站客流拥挤或其他原因落入轨道，从而杜绝因此引发的事故、延迟运营与增加额外成本。

(2) 减少列车运行噪声及活塞风效应对站台候车乘客的影响，改善乘客候车环境。

(3) 避免非工作人员进入隧道。

(4) 更好地管理乘客，当列车停靠在正确的位置上时，乘客才能进入列车或站台。

(5) 减少站台区与轨道区之间气流的交换，通过对地下车站通风空调制式的改变（由闭式系统转为开式系统），降低通风空调系统的运营能耗。

(6) 在火灾或其他故障模式下，可以配合相关系统进行联动控制。

(7) 采用一体化的信息、广告显示屏，实现资源的最大化利用，同时对车站整体空间布置进行简化。

总体来说，站台门系统最大限度地提高了乘客候车的安全性，改善了车站的站台环境，并节约了城市轨道交通运营成本，提高了运营效率。

知识链接

在保证乘客安全的前提下，为了降低城市轨道交通的运营管理成本，日本在东京地铁南北线上安装了开放式站台门。在日本东京地铁南北线上，站台几乎都设在400～500m半径的曲线上，车辆远期编组是8辆（初期4辆），每节车辆长度20m，列车长度为160m。这样，不论通过安装镜子还是采取安装工业电视的手段，从车头或车尾都无法看到列车全长；如采用站务人员人工监视列车的方法就必须增加车站的接车人员。但设置了站台门之后，一般情况下只需司机一人操作即可保证安全，站台上无须站务人员接发列车，进行监控，从而减少了站台上的工作人员，这在很大程度上降低了城市轨道交通的管理成本。

历史知识　城市轨道交通车站站台门系统的发展历程

城市轨道交通车站站台门系统的发展历程可以追溯到20世纪80年代。最初，这种系统主要用于保护站台候车乘客的安全，特别是在一些客流量较大的车站站台。

20世纪80年代，法国的里尔地铁（Lille Metro）是世界上最早安装玻璃站台门系统的运营线路，该系统主要是为了保障自动行车的安全。随后，这种站台门系统开始在其他地区得到应用，并逐渐成为铁路系统的安全标准之一。

到了20世纪90年代，随着城市轨道交通的快速发展，站台门系统得到了更广泛的应用。在中国内地，广州地铁2号线成为第一条安装地铁门系统的城市轨道交通线路。此后，上海、深圳、天津、北京等城市的地铁也纷纷安装了地铁站台门系统。

在技术方面,早期的站台门系统多为半封闭式,主要起到隔离的作用。随着技术的发展,全封闭式站台门系统开始出现,这种系统不仅具有保护乘客安全的功能,而且具有显著的节能效果。全封闭式站台门系统的应用进一步提高了城市轨道交通的安全性和舒适性。

目前,随着智慧交通和新基建的发展,站台门系统也不断朝自动化、智能化方向发展,以适应智慧轨道交通全自动系统的发展需求。未来,站台门系统将继续在提高城市轨道交通的安全性、舒适性和节能环保方面发挥重要作用。

单元 4.2　站台门机械结构

站台门系统一般由机械和电气两部分构成。其中,机械部分主要包括门体结构和门机驱动系统,电气部分包括电源系统、控制系统及监视系统。站台门系统框架如图 4-5 所示。

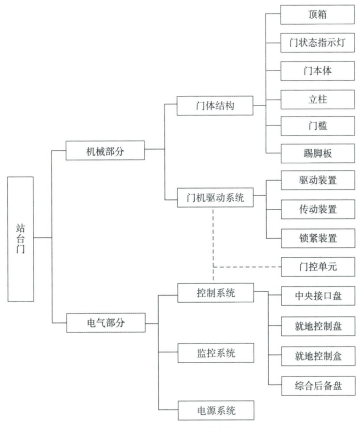

图 4-5　站台门系统框架

门机驱动系统设置在顶箱内,主要由驱动电机、传动装置和锁紧装置 3 部分组成,如图 4-6 所示。其中,传动装置常见的有皮带传动和丝杆螺母传动两种形式,后者因其工作可靠性高和低噪声等优点逐渐被广泛使用。

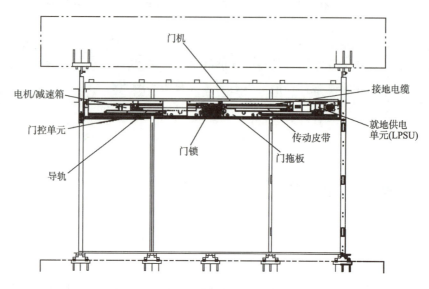

图 4-6　门机驱动系统

门体结构主要由顶箱、门状态指示灯、立柱、门本体、踢脚板、门槛等部分组成,如图 4-7 所示。相关教学资源请扫描二维码 12。

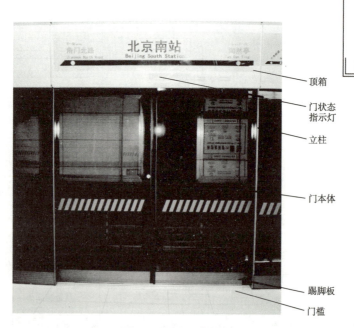

图 4-7　站台门门体结构

顶箱上可装设一些导向标志,但其主要功能是对内部零件进行密封保护,并采用防电磁干扰措施。就材料选择和密封设计而言,顶箱既能减振,又能有效地屏蔽外界的电磁干扰。

注意:站务人员如发现顶箱没有完全关闭,应立即汇报,并采取必要的措施,否则站台门系统可能会因其他设备的电磁干扰而无法正常工作。

全高站台门的顶箱上方一般装有照明灯带,半高站台门则没有装设照明灯带。灯带照明由车站环境与设备监控系统自动控制,站务人员不需要进行开关灯带的操作。

当门状态指示灯点亮时,表示站台门处于打开状态;当门状态指示灯熄灭时,表示站台门处于关闭状态;当门状态指示灯闪烁时,表示站台门处于隔离状态。

> **知识链接**
>
> 所谓站台门隔离状态,有两层含义:一是站台一侧所有站台门隔离于信号系统之外,即该侧站台门不受信号系统控制;二是站台一侧站台门中某一对门隔离于该侧其他站台门之外。
>
> 站台门立柱及下面的底座是站台门主要承重结构。底座通过绝缘件与站台板进行螺栓连接,既可以保证牢固、可靠,又可以保证站台门系统与站台板地面绝缘隔离。
>
> 踢脚板采用的是不锈钢材料,主要用于防止乘客有意或无意地踢脏或踢碎门体玻璃,踢脚板上边高度距地面为150mm。
>
> 门槛采用铝合金材料,其表面上用一种凸凹结构做防滑处理,它位于所有滑动门的下端。这些地方是乘客最有可能踏过的区域。门槛的作用是保护乘客经过时不发生摔倒,同时它与站台板进行绝缘固定,以防止乘客触电。

门本体结构是站台门机械结构最重要的组成部分。按照结构和功能门体结构可分为滑动门、固定门、应急门和端门4类,如图4-8、图4-9所示。

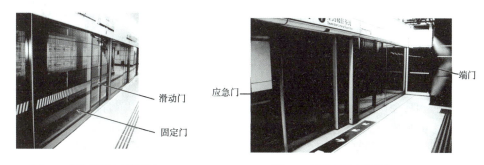

图4-8 站台门门本体结构(一)　　　　图4-9 站台门门本体结构(二)

1. 滑动门

滑动门(Automatic Sliding Door, ASD)的数量应与列车一侧客室门数量一致,位置对应。正常情况下,滑动门的开/关应由门机总承的驱动机构操作,由门控单元(Door Control Unit, DCU)控制。紧急情况下应能实现如下功能:①在轨行区侧乘客可操作设置在门扇上的把手手动开门;②在车站站台侧车站工作人员用专门钥匙手动开门,如图4-10所示。

滑动门一般设有障碍物探测功能,其能探测到的最小障碍物一般为5mm(厚)×40mm(宽)的物体。

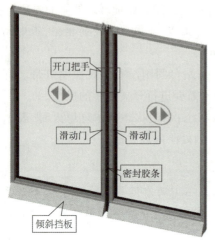 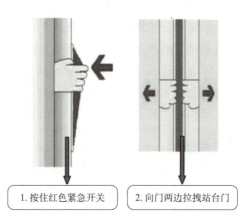

图 4-10　手动解锁图示

当滑动门关门受阻时,门操作机构能通过探测器检测到有障碍物存在并立即释放关门力,停顿 2s 后门全开,然后再次关门,若重复关门 3 次仍不能关闭,滑动门则全开并进行报警,等待工作人员处理。相关教学资源请扫描二维码 13、二维码 14。

2. 固定门

固定门(Fixed door,FIX)为不可开启的门体,位于滑动门与滑动门之间、滑动门与应急门之间,是站台区与轨行区隔离和密封的屏障。根据滑动门的间距,在满足门本体结构强度和刚度的前提下,根据轨行区边墙侧灯箱广告的可视性及视觉观感的要求,可将固定门进行分块或不分块处理。

3. 应急门

应急门(Emergency Door,EED)又称应急疏散门。在门本体结构中应设置应急疏散门,不带动力,在紧急情况下使乘客能在轨行区侧手动开门逃生,或者由站台侧站台工作人员用专用钥匙打开应急门进行紧急疏散,如图 4-11 所示。

应急疏散门的设置原则是,当列车不能够停在站台正常停车位置上时,至少有一道列车客室门对着一道应急疏散门。应急疏散门在轨行区侧,设置乘客手动打开的推杆,可以将门扇推向站台方向旋转 90°平开,定位能保持在 90°开度,不自动复位。

4. 端门

端门(Manual Secondary Door,MSD)位于站台的两个端头,设在列车司机门和乘客门之间,垂直于站台边线布置,将乘客使用区与设备用房区分隔开。端门是列车在区间隧道火灾或故障时的乘客疏散通道以及工作人员进出站台公共区的通道。在正常情况下端门由列车司机或车站站务员手动打开。手动端门上设有手动开门推杆,在站台的乘客使用区侧手动端门上设有门锁和隐蔽的开门机构。其门扇结构形式为向站台的乘客使用区侧方向旋转 90°平开。门本体结构中各组成门之间的对比关系见表 4-1。相关教学资源请扫描二维码 15。

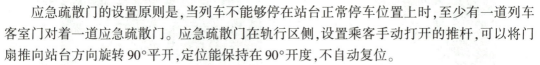

图 4-11 应急门

站台门系统的门本体结构中各组成门之间的对比关系　　　　　表 4-1

项目		固定门	滑动门	应急门	端门
位置		站台门上凡不能打开的门	正常停车时与列车车门一一对应	每节车辆至少对应一道,具体位置视站台实际情况而定	位于站台两端头,垂直于站台边线布置
数量/每侧站台		—	24 道	6 道	2 扇
手动开门装置	站台侧	—	钥匙开关	钥匙开关	钥匙开关
	轨行侧	—	门体中间部位开门把手	门体中部手动推杆	
手动开门方式		—	与门体方向平行拉开	向站台侧旋转 90°推开	

一般标准门单元模块的具体尺寸如图 4-12 所示。

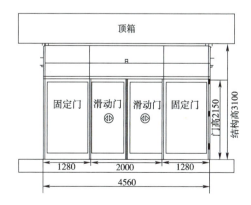

图 4-12　一般标准门单元模块的具体尺寸(尺寸单位:mm)

想一想

城市轨道交通运营企业要求车站负责人员每日安排人员检查站台门的外观状况,通过前面知识的学习,你能说说站台门外观检查的要点有哪些?

【典型任务 4-1】 站台门认知

1. 任务描述

(1)掌握站台门的分类及功能。
(2)掌握站台门的机械结构及工作原理。

2. 任务实施

(1)将授课班级学生分组,每 5~8 人为一个学习小组。
(2)实地调研或网络查阅所在城市地铁有哪些类型的站台门,把站台门的各部分结构名称汇总在本教材附表 4-1"典型任务实训工单"的表 A 中。
(3)结合校内站台门实训室,把站台门的各部分结构名称及功能汇总在本教材附表 4-1"典型任务实训工单"的表 B 中。

单元 4.3 站台门控制系统

站台门的控制系统主要由中央接口盘(PSC)、就地控制盘(PSL)、远程监视设备(PSA)、门控单元、通信介质及通信接口等设备组成。

一般除线路两端车站之外,每个车站均设有一套中央接口盘控制站台两侧所有的站台门,并且每侧站台门都由一套独立的逻辑控制子系统组成,确保一侧站台门的故障不影响另一侧站台门的正常运行。

站台门每套子系统包括控制单元、就地控制盘、控制回路及就地控制盒(LCB)等,以确保某一道站台门的故障不影响同侧其他站台门的正常运行。

站台门系统设备在车站的分布情况及各控制单元之间的关系如图 4-13 所示。中央接口盘及监控主机一般设在车站站台门设备室内,远程监视设备、综合后备盘(IBP)设在车站总控室,就地控制盘一般安装在非公共区与轨行方向平行的设备房墙壁上。另外,在站台监控室里还设有站台门状态报警盘(PSAP)。

站台门控制系统一般具有系统级控制、站台级控制和手动级控制三级控制方式。其中,以手动级控制为最高优先级,以系统级控制为最低优先级。

系统级控制为正常情况下站台门采用的控制方式,即由信号系统通过中央接口盘控制站台门。

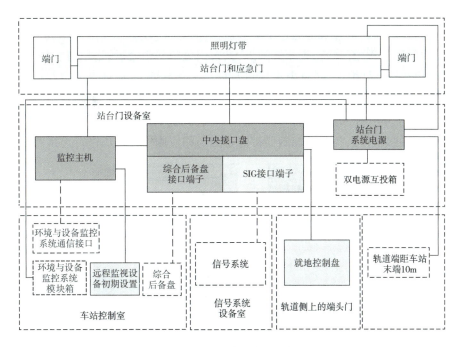

图 4-13　站台门控制系统

站台级控制则由两侧站台的就地控制盘或者通过综合后备盘上的站台门开关对站台门施行紧急控制。

手动级控制则通过每个门控单元的就地控制盒来进行开关门操作,或者由工作人员通过三角钥匙进行开关门操作。

一、站台门系统级控制

在正常情况下,站台门的开关均由信号系统通过中央接口盘来控制,具体开关门过程如图 4-14、图 4-15 所示。

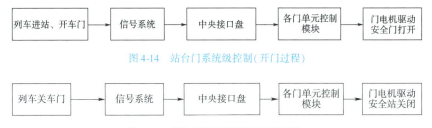

图 4-14　站台门系统级控制(开门过程)

图 4-15　站台门系统级控制(关门过程)

1. 开门操作

信号系统通过中央接口盘向每个门控单元发出开门命令,打开滑动门。开启时,门状态指示灯和中央接口盘上"ASD/EED"状态指示灯点亮。同时中央接口盘向信号系统反馈门已开的信号。

2. 关门操作

在列车即将离站时,信号系统通过中央接口盘向每个门控单元发出关门命令,所有门控单元关闭。在关闭过程中门状态指示灯闪烁,站台门关闭并锁紧后,指示灯和中央接口盘上"ASD/EED"状态指示灯熄灭,同时中央接口盘向信号系统反馈所有门关闭并锁紧的信号,允许列车离站。

中央接口盘由单元控制器控制系统和监视系统构成,如图4-16所示。每个单元控制器各控制一侧站台的站台门,各单元控制器都配备有与相应侧信号系统进行连接的设备。

图4-16 中央接口盘

中央接口盘内部能完成与其他系统连接前的所有准备工作,如将两侧站台门的状态信息集成,并将信息以每个车站为单位与环境与设备监控系统进行数据传送。

想一想

根据图4-13,分析一下如果中央接口盘发生故障,车站工作人员能否通过综合后备盘操作两侧的站台门?

二、站台门站台级控制

1. 就地控制盘控制

就地控制盘控制在系统级控制出现故障时,可进行就地控制盘站台级控制操作。就地控制盘控制是由列车司机或站务员在站台就地控制盘上对滑动门进行开/关门的控制。例如,在信号系统故障、信号系统与中央接口盘开/关门指令界面故障状态下,列车司机或站务员可在就地控制盘上进行开门、关门操作,实现站台门的就地控制盘控制操作。相关教学资源请扫描二维码16。

二维码16
车站按钮屏蔽门的开关

开门操作:列车司机或站务人员将就地控制盘开/关门钥匙开关转到开门位发出开门指

令,滑动门开始打开,中央接口盘面板、就地控制盘、综合后备盘、整合屏上的所有"关闭锁紧"状态指示熄灭。滑动门完全打开后,中央接口盘面板"开门指示"状态指示灯点亮。

关门操作:列车司机或站务员将就地控制盘开/关门钥匙开关转到关门位发出关门指令,滑动门开始关闭,当站台门全部关闭且锁紧后,中央接口盘面板、就地控制盘、综合后备盘所有"关闭锁紧"状态指示灯点亮。

门关闭后无法发车:当滑动门全部关闭后,所有"关闭锁紧"信号丢失或信号系统无法确认站台门是否锁闭而不能发车时,列车司机或站务员在就地控制盘上对"互锁解除"开关进行互锁解除操作,"互锁解除"状态指示灯点亮。

就地控制盘的盘面如图 4-17 所示。一般就地控制盘盘面至少包括:

(1)"关闭锁紧"状态指示灯为绿色,当所有滑动门单元关闭并锁紧后,指示灯亮;当某一个"ASD/EED"没有关闭且锁紧,这个绿色的指示灯将熄灭。

(2)"滑动门打开"状态指示灯为红色,当所有滑动门单元全开到位后,指示灯亮;当滑动门打开/关闭过程中,指示灯闪烁。

(3)"互锁解除"状态指示灯为红色,强制执行互锁解除钥匙开关时,这个红色的指示灯将被点亮。

(4)转动"互锁解除"钥匙开关可将"互锁解除"信号发送到信号系统。当转动的力释放后,钥匙通过自复位功能自动回到正常位置。

(5)开关门钥匙开关共设 4 个挡位,分为禁止位、关门位、开门位、就地控制盘使能位,通过旋转开关到达各挡位,可以对所有滑动门单元发出开/关门指令。开关门钥匙只有在禁止位时才能取出。

(6)指示灯测试按钮为绿色,使用指示灯测试按钮后,就地控制盘上所有的指示灯将被点亮,以检测是否有损坏的指示灯。

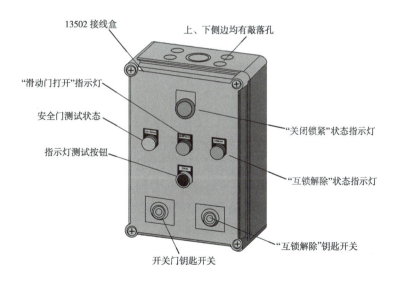

图 4-17　就地控制盘盘面

2. 综合后备盘控制

综合后备盘控制是以每侧站台门为独立的控制对象。在车站紧急情况下（如火灾），在车站控制室操作综合后备盘上的开门按钮，打开滑动门，滑动门完全打开后，中央接口盘面板、就地控制盘、综合后备盘上的开门指示灯亮。该命令属于紧急状态下的紧急开门命令，优先级高于就地控制盘控制和系统级控制。

综合后备盘控制盘面如图 4-18 所示。

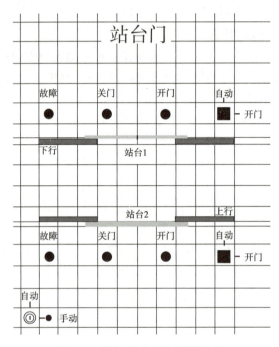

图 4-18　综合后备盘站台门控制盘面

在综合后备盘上设置有开门按钮、关门按钮、开门状态指示灯、关门状态指示灯、"关闭锁紧"状态指示灯。

开门、关门状态指示灯能实时反映门状态，显示功能与就地控制盘的状态指示灯一致。

三、站台门手动级控制

手动操作是指站台工作人员或乘客对站台门进行的手动操作。当系统电源或个别站台门操作机构发生故障时，站台工作人员可在站台侧用钥匙打开站台门，或者乘客在轨道侧操作站台门开门把手手动打开站台门。此时，中央接口盘面板、就地控制盘、综合后备盘、整合屏上的所有"关闭锁紧"状态指示灯熄灭。相关教学资源请扫描二维码 17。

二维码17
人工开启屏蔽门的操作

在维修测试情况下，单扇站台门就地操作是由维修人员使用就地控制盒，对单扇站台门进行操作，就地控制盒一般设在站台门门框的右下角。

每个滑动门单元中无论发生网络通信故障、电源故障、门控单元故障、门机故障，还是其他故障，均可通过就地控制盒使此门单元隔离，切断电源，从而不影响整个系统的正常工作。

就地控制盒的设置充分考虑系统的运行安全,并且就地控制盒各挡位均有中文标志。

就地控制盒一般设"自动""关门""开门""隔离"四位钥匙,钥匙从"开门"位顺时针旋转为"关门"位,再顺时针旋转为"自动"位,从"自动"位再顺时针旋转为"隔离"位,钥匙只有在"自动"位时可取出。

图4-19为就地控制盒设"自动""隔离""手动"三位钥匙。

a)就地控制盒位置图示　　　　b)就地控制盒转换开关

图4-19　就地控制盒

当转换开关处于"自动"位时,允许门控单元接收中央接口盘的"开门"与"关门"命令。

当转换开关处于"隔离"位时,单个滑动门单元与系统隔离,隔断本单元的电力供应,不影响整个系统的正常工作,便于维修。

当转换开关处于"手动"位时,维修人员可操作站台门顶箱内的开/关门按钮进行手动操作。

当开关处于"开门"位或"关门"位时,不执行来自中央接口盘的命令。站台门可通过设置在就地控制盒上的"开门"或"关门"按钮进行操作,此道门的安全回路被旁路。

故障解决方案:将开关串联到门控单元的回路中,开关自动位置为常闭点,平时为自动。当发生故障时,开关转到"隔离"位,隔离位为常开点,将电源回路断开,从而将门控单元隔离出来。

想一想

对照图4-20,请描述站台门的各种控制方式。

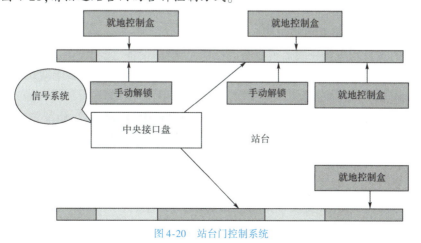

图4-20　站台门控制系统

小贴士
站台工作人员未经车站负责人员的允许不得擅自操作车门和站台门!

想一想

车站负责人员每天首班车到达前30min要安排人员测试开关站台门,并且在有关检查工作中要求每月定期检查站台门就地控制盘的运行状态是否良好。通过前面知识的学习,你能说说具体的测试开关站台门和检查的方法吗?

单元 4.4 站台门监视系统

站台门的监控主机是每个监视子系统的主要设备,属于整个网络的总线主设备,现场总线局域网采用总线型、开放式、标准通信协议的局域网络,门控单元作为网络节点挂接在总线上,完成对整个系统的监控功能。监控主机的功能包括:实现系统内部信息的收发、采集、汇总和分析;实现与综合监控系统的信息交换;能对信号系统、就地控制盘及车控室综合后备盘接口设备进行状态监控;能对本系统内所监控的状态、故障等数据进行编辑,并将状态、故障显示至显示终端。该系统具有运行实时监控功能及自诊断功能。

站台门单元中所有设备的状态信息均通过现场总线传送到每个车站站台门的监控主机上,可以在中央接口盘的人机界面上与监控主机的接口查询到当前车站所有设备的当前状态。中央接口盘将与运营相关的站台门状态及故障信息通过电缆或光缆通道发送至综合监控系统,实现对站台门相关状态的查询及故障报警,在控制中心内可以利用站台门系统传送的数据进行运营故障记录等。

站台门监视系统的主要功能包括:

(1)能够通过现场总线在线监视所有门控单元、电源设备、控制设备的工作运行状况。

(2)通过设置的控制局域网,可以在中央接口盘及门控单元进行集中或单独软件下载、参数修改、故障及状态的查询等。

(3)中央接口盘可对就地控制盘、电源、控制局域网、电机及每个门控单元的状态进行实时监控。

(4)能够监控各重要控制回路的动作状态,如就地控制盘、信号系统、综合后备盘、手动操作的开门/关门回路,能逐条记录并存储和下载信号系统发出的"开门""关门"命令及站台门系统、信号系统反馈的"关闭锁紧""互锁解除"等信息。

(5)每个站台门控制子系统在个别门控单元故障、从总线断开等状况下仍能正常工作。

(6) 能够对就地控制盘上的操作和状态信息进行监控。

(7) 系统设置有与信号系统间的接口模块，并能准确地执行相关命令。

(8) 通过设置与综合监控系统间的接口，既可以将站台设备及设备用房设备的状态信息、故障信息等上传至综合监控系统的数据处理设备，也可以与综合监控系统进行其他通信功能。

(9) 每个控制子系统以车站为单位与综合监控系统进行互联。通过监控主机设置的编程/调试接口，可向每个门控单元下载软件、参数并可以在线和离线调整软件和参数组态，能够存储故障信息，操作历史记录。

(10) 能顺利地完成与车站综合监控系统信息传输功能，将站台门的运营状态及有关故障信息发送至综合监控系统。

(11) 能够检测站台门供电系统的故障。

(12) 能对控制子系统中各设备状态、电源状态进行监视。

(13) 可在监控主机内修改速度曲线参数，并实现集中下载到每个门控单元。

(14) 在车站控制室工作站或利用维修终端在监控主机上均能够监视站台门（包括滑动门、应急门、端门、司机手推门等）的开/关、自动/手动等状态，并及时监测网络通信系统及供电电源等设备的运行情况及故障。

(15) 监视系统中的中央接口盘及门控单元能对故障信号进行采集和报警，并可以在系统内设置必要的逻辑锁闭及解除锁闭的功能。

(16) 监视功能是实时的，在站台门设备房内的显示终端上，所有的故障报警记录的实时性、状态的更新不超过300ms。

(17) 各车站门设备房内监控主机上可以查询得到本系统所有设备的可监控的所有状态、故障记录、访问事件记录等，并能够将需要传输给综合监控系统的数据转发到综合监控系统。

单元4.5 站台门的基本操作

一、站台门运营前检查

在城市轨道交通运营过程中，站台门具有非常重要的作用。站台门的正常工作是城市轨道交通正常运营的基础和保障，在城市轨道交通运营之前，站务人员需要对站台门进行检查，其中重要的一项工作是检查站台门状态。

站台门运营前检查流程见表4-2。

站台门运营前检查流程　　　　　　　　　　　　　　表 4-2

检查项目	具体检查流程
就地控制盘指示灯状态	(1) 按下"灯测试"按钮后，面板上所有灯都亮起并处于正常显示状态，同时蜂鸣器鸣叫。 (2) 松开后，"全门关闭锁紧"指示灯保持常亮，其余指示灯熄灭。 (3) 如在未测试情况下安全防护装置报警灯亮红灯，同时蜂鸣器报警，则表示安全防护装置故障
就地控制盘功能状态	(1) 将"自动就地控制"切换到"就地"位，开关站台门 1 次，整侧站台门正常开启和关闭。 (2) 开启后，就地控制盘上的"全门关闭锁紧"指示灯熄灭；关闭后，就地控制盘上的"全门关闭锁紧"指示灯亮绿灯。 (3) 检查滑动门上指示灯的状态：滑动门开启后，门头灯常亮黄灯；滑动门关闭后，门头灯黄灯熄灭。 (4) 每侧站台门均须使用就地控制盘测试开/关门 3 次
安全防护装置状态	(1) 观察安全防护装置上两个指示灯（正常均为白灯，故障为红灯和白灯）在正常情况下在站台门关闭后 3s，检查就地控制盘"安全防护装置启用"指示灯是否点亮，"安全防护装置报警"灯是否报警。 (2) 在就地控制盘"安全防护装置启用"指示灯点亮的情况下，使用异物遮挡激光光束，检查就地控制盘"安全防护装置报警"灯是否报警；移除异物，检查报警是否消除
就地控制盘侧面钥匙开关	(1) "互锁解除"钥匙开关切换到"激活"位，黄色指示灯亮起。 (2) "安全防护装置"钥匙开关切换到"旁路"位，黄色指示灯亮。（操作完成后均切换到"自动"位）
应急门状态	不需要打开，观察应急门状态指示灯，正常为熄灭，故障为黄灯
端门状态	锁闭时门锁插销正常落位，绿色推杆是否灵活，观察端门状态指示灯，正常关闭为指示灯熄灭，故障或未关紧为黄灯

二、站台门的基本操作

站台门的基本操作见表 4-3。

站台门的基本操作　　　　　　　　　　　　　　表 4-3

操作项目	操作说明及操作流程
工作人员手动操作滑动门	操作说明： 某道滑动门在"关闭锁紧"状态下发生故障，无法执行信号系统的"开门"命令或就地控制盘、综合后备盘、就地控制盒的"开门"命令 操作步骤： (1) 将钥匙插入左滑动门锁眼内，逆时针旋转，透过门玻璃看到门内方把同步转动，直到不能转动为止，此时门已解锁到位。 (2) 握住钥匙柄继续向左拉开滑动门，露出一定缝隙。 (3) 双手握住左/右玻璃门，向左/右边推开玻璃门到全开门位

续上表

操作项目	操作说明及操作流程
乘客手动操作滑动门	操作说明： 乘客遇到突发情况，从轨道行车一侧打开滑动门 操作步骤： (1)找到轨道侧开门手把，位于滑动门中间。 (2)向一侧扳动把手，拉开滑动门
LCB 操作滑动门	操作说明： 当某个滑动门在自动模式下不能执行"开门"或"关门"命令时，就地电动开关门
就地控制盒操作滑动门	操作步骤： (1)准备好钥匙，到达滑动门处，找到就地控制盒位置(有的就地控制盒在门上方，需借用梯子；有的在滑动门门柱侧面下方)。 (2)将钥匙转到手动位，按下红绿按钮，分别表示关门或开门(有的就地控制盒的手动位分别有手动开和手动关，此时则不需要按动按钮)。 (3)将钥匙转到"自动"位，取下钥匙。 注意：手动状态下，滑动门不再受系统开关门控制，"隔离"位一般为维修人员使用，隔离状态下滑动门依然向监视系统上传门的状态信息
PSL 操作滑动门	操作说明1： 某种原因如有异物等导致部分滑动门不能正常开关，需重新开关一次 操作步骤： (1)站务人员到达指定位置或通过手台通知司机用就地控制盘开、关门一次(端门的开启方式同滑动门手动开门方式)。 (2)准备好钥匙，插入钥匙孔打到开门/关门位，打开或关闭站台门，同时观察就地控制盘上指示灯的情况，当绿色"关闭锁紧"指示灯点亮时，说明滑动门恢复正常 操作说明2： 当所有滑动门均关闭，但信号系统始终无法收到"关闭锁紧"信号，导致列车不能正常驶入或离站 操作步骤： (1)到达就地控制盘所在位置，准备好钥匙。 (2)将钥匙插入"互锁解除"二位开关的"互锁解除"锁内，顺时针旋转至"解除"位，"互锁解除"报警灯亮，互锁解除成功，列车进入或离开车站，互锁解除复位。 注意："互锁解除"操作后，将自动恢复；除非极其特殊的情况，否则不适用互锁解除；明确不同钥匙的使用，否则使用不当，容易造成开关的损坏
IBP 盘操作滑动门	操作说明： 紧急情况(如火灾、暴恐等情况发生时) 操作步骤： (1)操作综合后备盘前，先选择相应上行/下行操作开关，用钥匙从"禁止"位往右扭转至"允许"位。 (2)根据现场需要按压"上行侧站台门"或"下行侧站台门"按钮，此时相应的上行/下行侧站台门指示灯亮，同时站台相应侧站台门全部开启。

续上表

操作项目	操作说明及操作流程
IBP 盘操作滑动门	(3)当关闭相应侧站台门时,再次按压"上行侧站台门"或"下行侧站台门"按钮,此时现场站台门全部关闭,相应的上行/下行侧站台门指示灯灭。 (4)操作完毕后将钥匙打至"禁止"位。 (5)日常需对站台门测试相应指示灯是否正常时,可按压"试灯"按钮
应急门手动操作	操作说明: 当列车在停车过程中没有对准滑动门,并且无法移动,需要疏散乘客时,手动打开应急门
	操作步骤: (1)到达所在位置,站务人员通过开门钥匙打开应急门。 (2)乘客通过下压推杆打开应急门。 注意:应急门为纯机械结构,不能自动恢复

单元 4.6 站台门故障处理

城市轨道交通运营企业有关故障处理的总体原则是在确保安全的前提下,优先保证行车。站台门故障相关处理办法见表 4-4～表 4-8。

单对站台门不能开启的处理办法　　　　表 4-4

步骤	负责人	具体办法
1	站务员	(1)发现故障或接到通知后立即赶到现场。 (2)处理: ①立即到站台引导故障站台门处的乘客上下车,并用专用钥匙将该故障站台门就地控制盒转到"手动"位。 ②贴上"此门故障"标志
2	车站督导员	(1)将信息报行车调度员和故障报警中心。 (2)跟进站台门维修情况,将站台门的故障和修复情况报行车调度员

多对站台门不能开启的处理办法　　　　表 4-5

步骤	负责人	具体办法
1	站务员	(1)发现故障或接到通知后立即赶到现场处理。 (2)手动打开部分站台门(确保没有连续不能开启的门即可)上下乘客,待司机关闭车门、站台门后,查看站台门关闭情况,如果无法关闭则处理程序按多对站台门不能关闭程序处理

步骤	负责人	具体办法
2	值班站长	(1)接到站台门故障的信息后,及时通知巡视岗和车站督导员到站台处理。 (2)将信息报行车调度员和故障报警中心。 (3)跟进站台门维修情况,并将站台门的故障和修复情况报行车调度员
3	车站督导员	(1)接到值班站长站台门故障的通知后,立刻到站台协助处理。 (2)手动打开部分站台门(确保没有连续不能开启的站台门即可)上、下乘客

一对站台门不能关闭的处理办法　　表4-6

步骤	负责人	具体办法
1	站务员	(1)若故障信息是司机关门时发现的,需到故障站台门处确认是否有物体阻碍其关闭: ①若有则取出物体,告知司机重新关闭站台门。 ②若站台门仍不能正常关闭,则用专用钥匙将该站台门就地控制盒转到手动位,手动关闭站台门后通知司机。 (2)客流高峰期可保持该车门为常开
2	车站督导员	(1)报告行车调度员和故障报警中心。 (2)安排巡视岗在故障门处监控候车乘客,防止乘客落轨

多对站台门不能关闭的处理办法　　表4-7

步骤	负责人	具体办法
1	站务员	(1)收到故障信息后,在司机关闭车门、站台门时,必须逐个确认不能关闭的站台门与列车间的空隙安全。 (2)按照"没有连续的不能开启的门"的原则禁止部分站台门上下乘客,加强对未关闭站台门的监控,确保安全。 (3)维护好站台秩序,防止乘客落轨
2	车站督导员	(1)接到故障信息后,到站台处理。 (2)到故障侧端操作就地控制盘进行"互锁解除"操作
3	值班站长	(1)将故障信息报行车调度员和故障报警中心。 (2)督促、跟进站台门维修情况,并将站台门的故障和修复情况报告行车调度员。 (3)安排巡视岗监控处于打开状态站台门处的乘客,防止乘客落轨

注意:当列车进站或停在车站时须停止对站台门的维修。

站台门玻璃破碎或破裂的处理办法　　表4-8

步骤	负责人	具体办法
1	站务员	(1)站务人员应使故障门处于常开状态,并指派站务人员在故障站台站岗监护,以防止乘客或物品掉入轨道。 (2)将破裂玻璃用封箱胶纸粘贴,防止突然爆裂。

续上表

步骤	负责人	具体办法
1	站务员	(3)若站台门玻璃已破碎应马上进行清理,同时防止玻璃碎片掉入轨行区。 (4)使用铁马扎"U"形放于破碎门前做好防护
2	综控室人员	(1)综控室通知控制中心并要求列车进出站时进行相应的限速。 (2)通知故障报警中心。 (3)站务员应保护好现场

注意: 以上站务岗位以北京京港地铁有限公司为例,其他公司在具体岗位上有所不同。相关教学资源请扫描二维码18。

二维码18
站台门玻璃破碎的处理

【典型任务4-2】 站台门操作及故障处理

1. 任务描述

(1)掌握站台门的控制模式,能够按照要求熟练操作各种模式。

(2)掌握站台门常见故障处理,在紧急情况下执行站台门故障的应急处理程序。

2. 任务实施

(1)将授课班级学生分组,每5~8人为一个学习小组。

(2)结合校内站台门实训室,分小组练习站台门的三级控制,将不同模式下开门/关门操作步骤及注意事项汇总在本教材附表4-2"典型任务实训工单"的表A中。

(3)教师设置不同的故障(单个或多个站台门不能开启或不能关闭、站台门玻璃破碎/破裂),小组成员分角色模拟不同故障下的应急处理流程,然后将不同岗位操作具体流程及注意事项汇总在本教材附表4-2"典型任务实训工单"的表B中。

前沿技术　　城市轨道交通站台门系统的技术发展和未来趋势

城市轨道交通站台门系统的发展趋势包括以下几个方面。

1. 智能化

随着人工智能、物联网等技术的发展,站台门系统的智能化程度将越来越高。通过智能化控制,可以实现自动开关、自动监测等功能,提高了运行效率和安全性。同时,智能化的站台门系统还可以通过数据分析、故障预警等方式,提高维护保养的效率和响应速度。

2. 全封闭式设计

随着站台门系统技术的不断发展,全封闭式的设计逐渐成为主流。全封闭式站台门系统不仅可以更好地保护乘客的安全,还可以显著提高城市轨道交通站台的节能效果和环境舒适度。

3. 材料和工艺的创新

未来,站台门系统的材料和工艺也将不断创新。新型材料和工艺的应用可以提高站台门系统的耐用性和可靠性,同时可以降低制造成本和维护成本。

4. 定制化服务

站台门系统的设计将更加注重个性化需求,根据不同城市、不同车站的特点和需求,提供定制化的站台门系统解决方案。

5. 集成化

未来,站台门系统将更加注重与其他轨道交通设施的集成化设计。例如,将站台门系统与列车控制系统、监控系统等集成在一起,实现信息共享和协同工作,提高整个轨道交通系统的运行效率和安全性。

6. 绿色环保

随着环保意识的不断提高,站台门系统将更加注重绿色环保性能,采用环保材料、节能技术等,降低能耗和排放,符合可持续发展的要求。

7. 安全性

安全性始终是站台门系统的首要考虑因素。未来,随着安全技术的不断创新和发展,站台门系统的安全性将得到进一步提升。例如,采用更先进的监控系统和传感器技术,提高对突发事件的应对能力。

复习思考题

一、选择题

1. 下列站台门适用于有空调系统的地下车站的是(　　)。
　　A. 全高式站台门　　　　　　　　B. 封闭式站台门
　　C. 半高式站台门　　　　　　　　D. 以上都适用
2. 站台门门体结构包括(　　)。
　　A. 滑动门　　　　　　　　　　　B. 固定门
　　C. 侧门　　　　　　　　　　　　D. 应急门
3. 站台门控制系统一般具有(　　)控制方式。
　　A. 系统级控制　　　　　　　　　B. 站台级控制
　　C. 站厅级控制　　　　　　　　　D. 手动级控制
4. 站台门站台级控制包括(　　)。
　　A. 就地控制盘控制　　　　　　　B. 综合后备盘控制
　　C. 就地控制盒控制　　　　　　　D. 手动控制

5. 单扇站台门故障时工作人员应用专用钥匙将故障站台门就地控制盒转到（　　）。
　　A."隔离"位　　　　　　　　　　B."手动"位
　　C."自动"位　　　　　　　　　　D."旁路"位

二、判断题

1. 站台门系统一般由机械和电气两大部分构成，机械部分主要包括门体结构和门机系统。　　　　　　　　　　　　　　　　　　　　　　　　　　　　　　　（　　）
2. 站台门最大运行强度一般保证1分钟开闭2次。　　　　　　　　　　　　（　　）
3. 全高开放式站台门可在下端设通风口。　　　　　　　　　　　　　　　（　　）
4. 就地控制盒控制优先级高于综合后备盘控制。　　　　　　　　　　　　（　　）
5. 对就地控制盒进行操作是，钥匙在"自动"位时，允许门控单元接收中央控制盘的"开门"与"关门"命令。　　　　　　　　　　　　　　　　　　　　　　　　（　　）
6. 在车站控制室操作综合后备盘上的开门按钮，打开滑动门，滑动门完全打开后中央接口盘面板、就地控制盘、综合后备盘上的开门指示灯亮起。　　　　　　　（　　）
7. 对就地控制盘进行运营前检查时，每侧站台门均需使用就地控制盘测试开、关门3次。　　　　　　　　　　　　　　　　　　　　　　　　　　　　　　　（　　）

三、简答题

1. 简述站台门的主要机械组成部分。
2. 简述站台门控制系统的组成和控制方式。
3. 简述使用就地控制盘进行站台门的开关操作流程。
4. 简述多对站台门不能关闭的应急处理办法。

模块 5

车站消防系统

教学目标

1. 了解地铁火灾特征。
2. 掌握火灾自动报警系统组成。
3. 掌握气体灭火系统的灭火原理与特点。
4. 掌握车站站厅公共区火灾应急处理程序。

建议学时

8 学时

单元 5.1　车站消防概述

一、城市轨道交通火灾特征

我国现有的城市轨道交通车站以地下建筑为主,地下建筑与地面建筑相比有许多不同之处。地下建筑是指在地下通过挖掘方法获得建筑空间,外部仍有厚实的岩土介质包围,它只有内部空间。地面建筑的门、窗、墙与大气相连,室内外光热交换容易。而地下建筑与外部联系孔洞少、面积小、气热交换难、散热慢、能见度低。因此,火灾对地下建筑的威胁比对地面建筑更大。城市轨道交通车站一旦发生火灾,具有区别于地面火灾的特征。

1. 排烟困难、散热慢

根据国内外资料统计,因城市轨道交通车站火灾造成的人员伤亡,绝大多数是因烟雾中的有毒气体熏倒、中毒或窒息所致,因此,有效地排烟已成为城市轨道交通车站火灾时救援的重要措施。但是地下建筑内失火与地上建筑失火情况完全不同。当地上建筑着火时,可以开启门窗,进行散热和排烟。地下建筑为厚的钢筋混凝土衬砌和岩土介质包围,出入口较少且面积有限。由于烟的迅速聚集和烟在工事内的扩散,工事内很快充满烟,有限的人员出入口会变成"烟筒",热烟运动方向与人员疏散方向一致。通常,烟的扩散速度比人群的疏散速度快得多,致使人员无法逃脱烟气流的危害,而多层地下空间发生火灾时危害更大。地下建筑通风条件不如地面建筑,对流条件很差,因而排烟排热不如地面建筑。

2. 高温、高热全面燃烧

城市轨道交通车站及隧道内可燃物量一般低于$50kg/m^2$。在地下建筑封闭空间内,一旦发生火灾,大量可燃物燃烧,室内温度升高得很快,较早地出现"全面燃烧"现象。根据地面建筑燃烧试验,当火灾房间的温度上升到400℃以上时,起火房间会在瞬间由局部燃烧变为全面燃烧,房间一切可燃物会在瞬间烧着,并伴随着较大的响声。当听到类似爆炸的"轰"的一声响时,便会见到满屋大火,室内温度会从400℃左右迅速升到800~900℃。伴随着室内瞬时全面燃烧,巨大能量释放,温度随时间迅速上升。火灾标准时间-温度曲线值见表5-1。

火灾标准时间-温度曲线值　　　　　　　　　　　　　　　表5-1

时间(min)	5	10	15	30	60	90	120	180	240	360
温度(℃)	556	659	718	821	925	986	1029	1090	1133	1193

火灾房间内的空气体积急剧膨胀,烟气中的一氧化碳、二氧化碳等有害气体的浓度迅速提高。这种高温且有毒的浓烟扩散到哪里,就会使哪里的可燃物燃烧。这时的地下建筑内部就像锅炉的炉膛,而楼梯通道口则如烟囱一般。

3. 安全疏散困难

地下建筑内的安全疏散有以下几方面的不利因素:

(1)有些地下建筑内的各种可燃物质,在燃烧时会产生大量烟气和有毒气体(如一氧化碳、二氧化碳及其他有毒气体),不仅会严重遮挡视线,使能见度大大降低,还会使人中毒窒息,危害极大。当空气中含氧量下降到15%时,人的肌肉活动能力下降;当空气中含氧量降到10%~14%时,人就会感觉四肢无力,产生判断失误;当空气中含氧量降到6%~10%时,人就会晕倒。常见可燃物质燃烧时产生的有毒气体见表5-2。

常见可燃物质燃烧时产生的有毒气体表　　　　　　　　　表5-2

可燃物质名称	有毒气体	可燃物质名称	有毒气体
木材	CO_2、CO	聚氟乙烯	CO_2、CO、氧化氢
羊毛	CO_2、CO、H_2S、NH_3	尼龙	CO_2、CO、乙醛氨
棉花、人造纤维	CO_2、CO	酚树脂	CO、氨、氰化物
聚四氟乙烯	CO_2、CO	三聚氰胺-醛树脂	CO、氨、氰化物
聚苯乙烯	苯、甲苯	环氧树脂	CO_2、CO、丙酮

(2)当地下建筑发生火灾时,室内由于正常的照明电源被切断,变得一片漆黑。如果地下工程内不装设事故照明和紧急疏散标志指示灯,人们根本无法逃离火场。地下建筑内无任何自然光源,加上浓烟弥漫,使得人员疏散极为困难。

(3)温度升高快,对人体危害大。当地下建筑发生火灾时,热量不易散失,爆燃出现快,室内温度可达到 800℃ 以上,火焰本身或火焰产生的高温能将人烧伤甚至烧死。

(4)疏散距离长,路径复杂,火灾时逃生的出口和路线比地面建筑少。地下建筑人员逃生的线路只有通向出口的楼梯、阶梯、坡道、爬梯和扶梯,最终的出口很少,一般只有 1~2 个。遇火灾逃生时,地面建筑中人向下层逃生,只要越过火灾层,就比较安全了,此时火灾产生的烟向上扩散。但地下建筑就不同了,人向上层逃生,火灾产生的烟也是往上扩散,人逃生方向与烟、火的自然扩散方向一致,人要到达安全区,从某些意义上讲必须逃到地面上。一般烟扩散速度比人疏散行走要快。烟的水平扩散速度为 0.5~1.5m/s,烟的垂直上升速度比水平方向快 3~4 倍。

4. 扑救困难、危害大

地下建筑的火灾比地面建筑火灾扑救要困难得多。消防专家认为,扑救地下建筑的火灾难度与扑救超高层建筑最顶层火灾的难度相当。与地面建筑相比,地下建筑火灾扑救困难体现在以下几个方面。

(1)探测火情困难

当地下建筑火灾发生后,只见浓烟从出口冒出,无法确切地知道火灾究竟发生在哪一个区域。目前,尚没有能在浓烟中探测火情的消防机器人。消防人员必须冒着生命危险,深入到地下建筑内探测火情。

(2)接近火场困难

对于一般没有完善排烟设施的地下工程,消防人员的进入口,也是烟、热的排出口,高温、浓烟、毒气使得消防人员无法接近火场。城市轨道交通车辆一旦在隧道中间或距入口、出口较远的地点发生火灾事故,施救工作几乎无法进行。

(3)通信指挥困难

地面建筑火灾,有线和无线通信器材、高音扩音器、大多数通信手段都可使用。地下建筑的火场灾情只能靠人传递信息,速度慢、差错多。指挥员无法直观火场,需要详细询问情况,研究工程图,分析可能发生火灾的部位及可能出现的危险情况,方能做出灭火方案,致使灭火时间长、难度大。

(4)缺少地下工程报警消防专门器材

目前自动报警及联动控制系统大部分采用"报警"自动化,在火灾被确认后,操作人员手工操作使联动系统投入运营。采用这种运营方式的原因是火灾探测器的品质尚不能百分之百地准确预报火灾,误报率较高。

二、车站防火分区

防火分区是大面积建筑设计中常用的消防措施,目的是将火势控制在一定的范围内,减少火灾损失。

城市轨道交通车站面积多为 5000~6000m²,一旦发生火灾,则火势蔓延迅速,如无严格的防火分隔设施将会造成重大损失。一般采用防火墙、防火卷帘加水幕或复合防火卷帘等防火分割物划分防火分区。城市轨道交通地下车站每一个防火分区(除站台和站厅外)最大允许使用面积不应超过 1500m²,并用耐火构造的地面、墙壁和甲级防火门与相邻分区隔离。

防烟分区通常取防火分区一半,所以每个防烟分区面积不宜超过750m^2。

站厅和站台是乘客进出站、上下车的场所,由于客流量大且进出频繁,因此采取较灵活的防火处理设施,即用水幕保护的防火卷帘代替防火墙或防火门。防火卷帘上留小门并采用两级向下滑落的金属门,以便消防人员扑救火灾和乘客及工作人员的安全撤离。

防火门必须向疏散方向开启,避免在紧急疏散时,造成人员堵塞门前,引起不必要的伤亡事故。防火门在关闭后能从任意侧手动开启。为方便人员疏散及消防扑救,每一个防火分区安全出入口不少于两个。当其中一个出口被烟、火堵住时,人员可由另一个出口疏散。

三、消防标志

消防标志是指用于表明消防设施特征的符号。

红色的消防标志牌用于说明各种消防设备、设施安装的位置,引导人们在发生火灾时采取合理正确的措施。

绿色的发光疏散指示标志设置在疏散通道和主要疏散路线的地面或靠近地面的墙上。国内外实际应用表明,发光疏散指示标志的设置,对安全疏散能起到很好的引导作用,可以有效地帮助人们在浓烟弥漫的情况下,及时识别疏散位置和方向,迅速沿发光疏散指示标志顺利撤离。

总结以往的火灾事故,往往是在发生事故的初期,人们看不到消防标志、找不到消防设施,进而不能及时采取正确的疏散和灭火措施,以致造成大量人员伤亡。因此,消防标志不但是消防人员处理火险时的好帮手,而且是群众在火灾危急关头的救命符。常见的消防标志如图5-1～图5-4所示。

图5-1 常见的消防标志1(红底)

a)水泵接合器　　　b)消防梯　　　c)火警电话

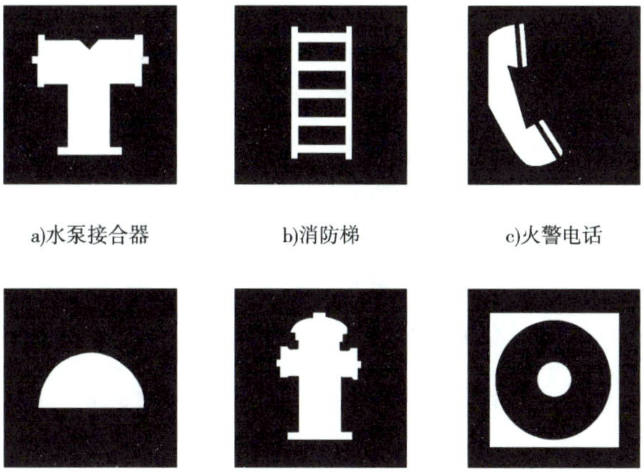

d)灭火设备　　　e)地上消火栓　　　f)手动启动器

图 5-2　常见消防标志 2(红底)

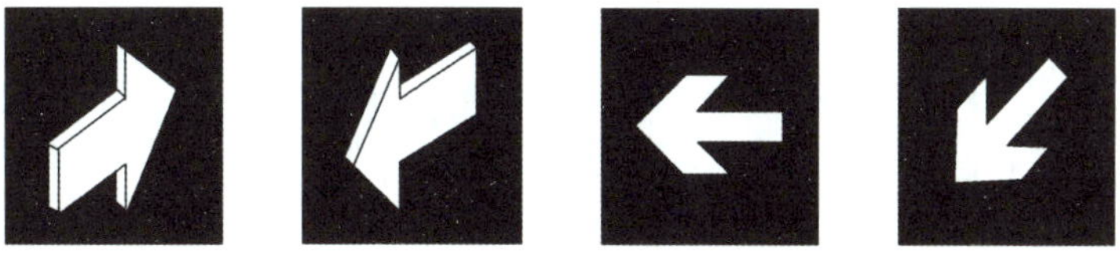

a)推开　　　b)拉开　　　c)疏散通道方向　　　d)疏散通道方向

图 5-3　常见消防标志 3(绿底)

a)紧急出口　　　b)紧急出口　　　c)滑动开门　　　d)滑动开门

图 5-4　常见消防标志 4(绿底)

知识链接

灭火器使用图解

1. 灭火器的用途

灭火器是指能在其内部压力作用下,将所充装的灭火剂喷出以扑救火灾的一种灭火器具。

灭火器担负的任务是扑救初起火灾。一具质量合格的灭火器,如果使用得当,扑救及时,可将绝大多数损失巨大的火灾扑灭在萌芽状态。因此,灭火器的作用是很重要的。

2. 灭火器的分类

灭火器的分类方法很多,通常按充装灭火剂的类型来划分,常见的灭火器有以下 4 种,如图 5-5 所示。

a) 4kg手提式ABC干粉灭火器　　b) 5kg手提式二氧化碳灭火器　　c) 手提式泡沫灭火器　　d) 清水灭火器

图 5-5　灭火器分类图示

3. 灭火器的使用方法及步骤(相关教学资源请扫描二维码19)

第一步:识别灭火器的型号,如图 5-6 所示。

第二步:判断火势,正确选用相关类型的灭火器。

第三步:对灭火器进行检查,看是否能正常使用,如图 5-7 所示。

第四步:站在上风位置,迅速采用正确的操作方法,将火源扑灭。

二维码19　灭火器设备的操作

 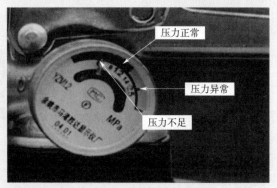

图 5-6　灭火器型号图示　　　　图 5-7　灭火器检查图示

(1)摇:防止灭火器内灭火剂凝固,影响灭火效果,如图 5-8 所示。

(2)拔:拔出保险栓,如图 5-9 所示。

 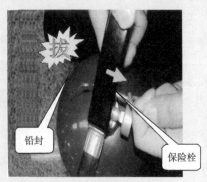

图 5-8　摇动灭火器图示　　　　图 5-9　拔出保险栓图示

(3)瞄：瞄准火焰根部，如图5-10所示。
(4)压：压下灭火器手柄，如图5-11所示。
(5)扫：左右扫射，如图5-12所示。

图5-10　瞄准火焰根部图示

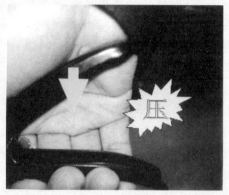
图5-11　压灭火器手柄图示

图5-12　左右扫射图示

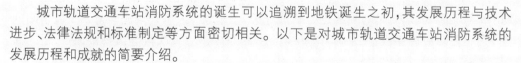

历史知识　　城市轨道交通车站消防系统的发展历程和成就

　　城市轨道交通车站消防系统的诞生可以追溯到地铁诞生之初，其发展历程与技术进步、法律法规和标准制定等方面密切相关。以下是对城市轨道交通车站消防系统的发展历程和成就的简要介绍。

一、发展历程

(一)早期阶段

　　早期的城市轨道交通车站消防系统比较简单，主要依靠灭火器和消防栓等传统消防设备。这个阶段的消防系统主要依靠人工操作，缺乏自动化和智能化。

(二)发展阶段

　　随着科技的发展和城市化进程的加速，城市轨道交通车站的规模和客流量不断增大，消防系统逐渐向自动化、智能化方向发展。这个阶段出现了自动喷水灭火系统、火灾自动报警系统等现代消防设备和技术,提高了城市轨道交通车站的消防安全水平。

(三)完善阶段

近年来,城市轨道交通车站消防系统得到了进一步的完善和升级。这个阶段的特点是采用更加先进的技术和设备,如智能消防系统、气体灭火系统等,实现对火灾的快速响应和有效控制。同时,消防系统的设计更加注重人性化,如设置紧急逃生通道和避难所等,为乘客提供更加安全的出行环境。

二、成就

城市轨道交通车站消防系统的成功应用得益于以下几个方面。

(一)法律法规和标准制定

各国政府和相关部门制定了严格的法律法规和标准,明确了城市轨道交通车站消防系统的设计、施工、维护等方面的要求,为消防系统的建设和管理提供了有力保障。

(二)技术创新和应用

随着科技的不断进步,城市轨道交通车站消防系统在技术上不断创新和应用。各种新型的消防设备和智能化技术不断涌现,为消防系统的升级和完善提供了有力支持。

(三)社会各界的重视和参与

城市轨道交通车站消防系统的建设和运行需要社会各界的重视和参与。政府、企业和社会组织等各方面共同努力,为消防系统的建设和运行提供了有力保障。

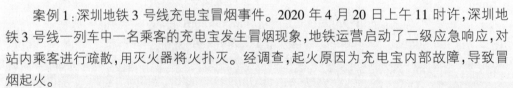

典型案例 城市轨道交通车站消防系统相关的典型案例

案例1:深圳地铁3号线充电宝冒烟事件。2020年4月20日上午11时许,深圳地铁3号线一列车中一名乘客的充电宝发生冒烟现象,地铁运营启动了二级应急响应,对站内乘客进行疏散,用灭火器将火扑灭。经调查,起火原因为充电宝内部故障,导致冒烟起火。

案例2:广州地铁6号线火灾事故。2020年3月22日20时32分,广州越秀区北京路与万福路交界处附近的地铁6号线北京路站内,一间便利店发生火灾。20时40分,车站向119报告,消防队员5分钟后到达现场对车站火情进行处置。同时,地铁运营启动了二级应急响应,对站内乘客进行疏散。20时55分,火情处理完毕。21时,车站恢复正常运营。经调查,起火原因为冰箱电源线路短路,冰箱、饮料等货物被烧毁,过火面积约 $1m^2$,事故无人员伤亡。

案例3:巴黎地铁火灾事故。2017年2月8日晚9点15分,巴黎地铁6号线意大利广场站发生一起火灾,两名乘客受轻伤。从贝尔西站到拉斯巴耶站之间的地铁中断,6号线因此停运,5号线和7号线也受到了影响。据报道,事故是由地铁内电器造成的。法国地铁运营商RATP称,事故发生后,车站工作人员立即疏散乘客,消防员也及时赶到,受伤的乘客已得到帮助。

案例4:韩国大邱地铁火灾事故。1995年4月28日,韩国大邱地铁施工过程中发生可燃气体大爆炸。原因是电线短路产生电火花引燃了隧道内的可燃气体,产生大量浓烟和有毒气体,造成人员伤亡。

案例5:美国纽约地铁火灾事故。2020年3月27日凌晨3点18分,美国纽约市中央公园以北的110街地铁站内的一节车厢发生火灾,导致1人死亡,17人受伤。消防员抵达地铁站后,发现地铁车厢仍在燃烧,地铁站内充满浓烟。

案例6:伦敦地铁火灾事故。1987年11月18日傍晚,伦敦最繁忙的国王十字地铁站发生严重火灾,造成32人死亡,100多人受伤。据报道,这座地铁站的大火是从自动扶梯下面的机房开始烧起来的,火势迅速蔓延,浓烟滚滚,充满纵横交错的地下通道。当时在车站里候车的乘客乱作一团。大火发生后,消防队员闻讯仓促赶来,由于没有及时获得地铁通道分布图和氧气防护面罩,他们的灭火工作一度受阻。部分消防队员不顾烟熏火燎,进入地铁车站抢救乘客,结果消防队员1人死亡,2人受伤。大火燃烧了4h才被扑灭。

案例7:莫斯科地铁火灾事故。2013年6月5日,莫斯科市中心地铁猎队站发生火灾,火势迅猛以致其邻近地铁站也遭烟雾侵袭。因事故发生在市民上班高峰期,且出事地铁站属客流量较大的转乘地铁站,因而事发当时地铁站内乘客众多。事故发生后,有近5000名乘客被紧急疏散,11名重伤乘客被送往医院接受治疗,其中包括几名儿童。调查结果显示,火灾可能是由高压线破损燃烧所引起的。

以上案例表明,地铁车站消防系统对于保障乘客的生命安全至关重要。因此,需要加强消防系统的建设和维护工作,提高消防安全意识和应对能力,以保障人们的出行安全。

单元 5.2 火灾自动报警系统

火灾的早期发现对消防救灾来说具有极其重要的意义。对于城市轨道交通车站和区间隧道来说,由于空间狭小,消防救灾十分困难,因此城市轨道交通火灾的早期发现和早期扑救显得尤为重要。

火灾自动报警系统(Fire Alarm System,FAS)是指设置在车站、区间、车辆段、变电站以及运营控制中心的一整套火灾自动探测、自动报警、自动扑救的系统。火灾自动报警系统对城市轨道交通火灾防范起着至关重要的作用。

一、火灾自动报警系统的功能

城市轨道交通车站是火灾自动报警系统部署及运作的主要场所,同时运营控制中心

(OCC)需要掌握每个车站的火警信息,以整体应对协调。火灾自动报警系统分成中央级和车站级两级监控,其中位于运营控制中心的是中央级监控,位于车站的是车站级监控。

1. 中央级监控功能

火灾自动报警系统中央级监控功能如下:

(1)接收、显示并储存全线主要火灾报警设备的运行状态。

(2)接收由车站级设备传送的各探测点的火灾报警信号,显示报警部位并自动记录。

(3)自动或手动确认火灾报警。

(4)根据火灾发生的实际情况,自动选择预定的解决方案,向各消防控制室发出消防救灾指令和安全疏散命令。

(5)图形控制中心 PC 机通过无线发射台及时向市消防局 119 无线报警台进行火灾报警,向消防部门通报灾情。

(6)接收主时钟的信息,使火灾自动报警系统时钟与主时钟同步。

城市轨道交通消防指挥中心设有消防值班员,负责管理全线的火灾报警,确认火灾灾情,向车站级设备发出消防救灾指令,指挥救灾工作的开展。

2. 车站级监控功能

火灾自动报警系统车站级监控功能如下:

(1)监视车站及所辖区间消防设备的运行状态。

(2)接收车站及所辖区间火灾报警或重要系统及设备的报警,并显示报警部位。

(3)向消防指挥中心报告灾情,接收消防指挥中心发出的消防救灾指令和安全疏散命令。

(4)通过车站级的消防联动控制接口向环境与设备监控系统发出救灾模式指令,由环境与设备监控系统启动消防联动设备。

(5)通过消防广播系统和闭路电视监视系统,对乘客进行安全疏散引导。

二维码20
消防设备的使用

城市轨道交通车站、车辆段、集中供冷站及主变电站消防控制室设有专职消防值班员,由值班站长或值班员兼任,监视火灾报警,确认火灾灾情,报告消防指挥中心,接收消防指挥中心发出的消防救灾指令,控制有关消防联动设备和组织现场救灾。相关教学资源请扫描二维码20。

二、火灾自动报警系统的组成

火灾自动报警系统一般遵循"分散控制、集中管理"的基本原则,采取"一体化网络、二级管理、三级控制"的模式进行设计。

火灾自动报警系统设运营控制中心和车站两级管理,按中央级、车站级、就地级三级控制模式设置,具有相应的控制功能。

1. 中央级管理设备

中央级管理设备位于运营控制中心,在运营控制中心机房一般配置 2 套互为备用的网络型火灾自动报警系统主机,同时配置有 2 台冗余热备份服务器,作为全线火灾自动报警系统数据处理中心。在中心网络管理室配置有 1 台中心机房工作站用于管理中心服务器,并在运营控制中心调度大厅配置有1台调度员工作站作为火灾自动报警系统终端图形控制计算机。

火灾自动报警系统中央级设备接收并储存全线消防设备的运行状态,接收全线车站、车辆段、主变电所等的火灾报警信息并显示报警部位。

2. 车站级管理设备

车站级管理设备主要由火灾自动报警系统火灾报警控制器、联动控制器(联动控制盘)、终端图形控制计算机、消防电话、消防联动电源等组成。

这些设备集中在车站控制室,通过以令牌方式进行点对点通信的对等式网络,与其他车站及中心连接成为一个环形网络。车站级设备可接收火灾自动报警系统中央级指令并自动执行,也可独立组织、管理、指挥管辖区内防救灾工作,并向中心发送车站火灾自动报警系统状态信息。在脱离系统网络的情况下,车站级管理设备能完全独立监视和控制本站管辖范围内的火灾自动报警系统。

火灾自动报警系统火灾报警控制器(火灾自动报警系统主机)既可通过支路或环路拓扑回路,与车站火灾探测设备连接,组成车站级火灾自动报警系统,接受现场设备的火灾探测信息并进行判断,也可通过接口与环境与设备监控系统等其他系统连接。

火灾自动报警系统联动控制器与车站消防水泵、专业排烟风机、部分电动防火阀、卷帘门、水喷淋、气体灭火、电梯等联动设备连接,可以在特定救灾模式下进行该系列设备的控开与控关。

火灾自动报警系统终端图形控制计算机即车站级的操作工作站,由车站级综合监控系统的值班操作工作站,在图形界面上按照车站建筑平面分级、分区显示本站消防系统的详细信息。

消防联动电源为消防电话主机、模块箱内设备、气灭保护房间防火阀等供电。

3. 现场级设备

图5-13为火灾自动报警系统现场设备网络图。

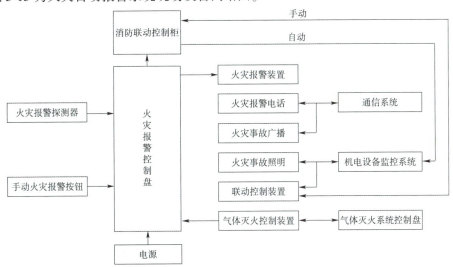

图5-13　火灾自动报警系统现场设备网络图

(1)手动火灾报警按钮

在站厅层、站台层、出入口通道和设备区等区域设有带地址码的手动火灾报警按钮。报警区域内每个防火分区,至少设有一个手动火灾报警按钮。从一个防火分区内的任何位置到最邻近的一个手动火灾报警按钮的步行距离应不大于30m。

在上述区域中,若设有消火栓箱,则将手动火灾报警按钮安装在靠近消火栓箱处明显可见和便于操作的墙上。

(2)感温电缆

站台板下的电缆廊道设感温电缆,感温电缆按电缆桥架分层、"蛇"形走向布置。

(3)光束式感烟探测器

在大空间长距离的库房设有红外光束式感烟探测器。

(4)探测模块

探测模块是带地址码的,用于接收气体自动灭火系统控制盘上的火灾预报警信号、火灾确认信号、系统故障信号、气体释放信号和手动/自动状态信号以及车站内防火阀和感温电缆的动作信号。

(5)控制模块

控制模块是带地址码的,用于控制防火卷帘的降落。同时,根据车站防排烟系统的火灾运行模式,一种模式对应一个控制模块。当发生火灾时,根据不同的着火区域自动启动相应的火灾运行模式。

4. 消防联动控制系统的配置

图5-14为车站级火灾自动报警系统构成框图。火灾自动报警系统所有的防排烟系统联动控制功能由机电设备监控系统环境与设备监控系统实现。火灾自动报警系统和环境与设备监控系统在各车站均设有自动控制接口,火灾自动报警系统发出的指令具有最高优先权。当发生火灾时,通过车站的自动控制接口,火灾自动报警系统发出指令,环境与设备监控系统按指令将其所监控的联动设备运行转换为预定的火灾运行模式。

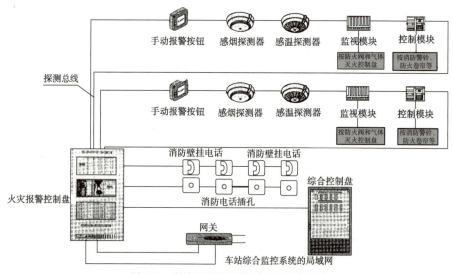

图5-14 车站级火灾自动报警系统构成框图

5. 消防广播通信系统

(1)消防广播

火灾报警在车站内不设置警铃或警笛,而设有火灾事故广播。火灾事故广播不单独设置,与车站 PA 广播系统合用。消防广播平时用于车站广播,当发生火灾时,能在消防控制室将广播音响强行切转到火灾事故广播状态,火灾事故广播具有优先权。

(2)消防通信

消防指挥中心设专用电话用于向公安消防部门报警。

火灾自动报警系统在车站内设有消防报警电话插孔,而在区间隧道则与轨旁电话系统合用,并结合有线和无线通信系统的使用,实现消防指挥通信系统的全部功能。站内及轨旁电话系统在各消防控制室、值班室、消防水泵房和通风空调机房设置直通通话机,区间隧道设置轨旁电话机。

火灾自动报警系统在高低压室、通信设备室、信号设备室、环控电控室和屏蔽门设备室等气体灭火保护房间门外的墙上设置固定通话机。

在有线通信系统的消防指挥中心设置调度电话总机,各消防控制室设置调度分机。消防指挥中心调度员可对设于各消防控制室的分机进行单呼、组呼、全呼,分机可对消防指挥中心调度员进行一般呼叫和紧急呼叫。

火灾自动报警系统与行车调度等共用一套闭路电视监视系统。在消防指挥中心设置切换装置和监视终端,在各车站控制室宜与行车管理等共用一套切换装置和显示终端。图 5-15 为火灾自动报警流程图。

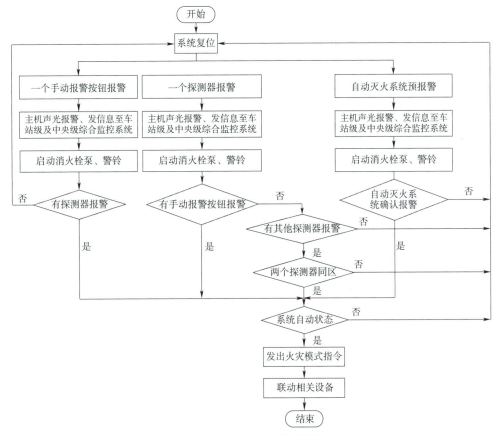

图 5-15　火灾自动报警流程图

三、火灾自动报警系统全线网络构成

火灾自动报警系统全线网络为独立的光纤环网,火灾自动报警系统终端图形控制计算机和各车站级火灾自动报警系统火灾报警控制器分别是网络上的一个节点,各节点为同层网络。为了保证全线网络可靠性,采用闭环通信方式,在通信线路发生单点故障时仍可保证系统的运作,当发生单点断开、单点接地、线间短路、开路或接地故障时仍能具备信号传输能力。在出现多点故障时,网络重新配置成多网络,系统将对每个能够传送及接受网络信息节点继续作出反应。

火灾的分类

依据《火灾分类》(GB/T 4968—2008),火灾根据可燃物的类型和燃烧特性可分为A、B、C、D、E、F6类,见表5-3。

火灾的分类　　　　　　　　　　　　　　　　表5-3

类别	名称	说明
A类火灾	固体物质火灾	这种物质通常具有有机物质性质,一般在燃烧时能产生灼热的余烬,如木材、煤、棉、毛、麻、纸张等固体物质火灾
B类火灾	液体或可熔化的固体物质火灾	如煤油、柴油、原油、甲醇、乙醇、沥青、石蜡等液体或可熔化的固体物质火灾
C类火灾	气体火灾	如煤气、天然气、甲烷、乙烷、丙烷、氢气等气体火灾
D类火灾	金属火灾	如钾、钠、镁、铝镁合金等金属火灾
E类火灾	带电火灾	物体带电燃烧的火灾
F类火灾	烹饪器具内的烹饪物(如动植物油脂)火灾	如动植物油脂火灾等

单元5.3　自动灭火系统

一、灭火系统的选择

城市轨道交通消防应根据不同部位的环境条件、器材安装、设备特点等要求,选择相应的灭火系统和器材。

(1)对于车站的公共区,应以消火栓系统为主,将整个车站覆盖在消火栓的保护范围内。

(2)对于车站的设备用房,由于仪器众多、设备复杂,在此类相对封闭的区域应以气体自动灭火系统为主。

(3)自动喷水系统在公共区的作用不是很显著,甚至会造成地滑,从而影响人群疏散的速度。因此,在车站的公共区不宜设置自动喷水灭火系统。

(4)在区间隧道中,要沿线布设消火栓灭火系统,条件允许时还可在区间隧道中加装移动式灭火系统。移动式灭火系统宜采用泡沫灭火剂。

无论是在车站,还是在区间隧道、地铁列车上,都要配备一定数量的灭火器。

在城市轨道交通工程中,自动灭火系统保护对象的火灾类型主要包括 A 类火灾和 E 类火灾。诸如主变电站、变配电站、信号设备室及车站控制室等保护对象,属于车站的重要部位,不但设备价格昂贵,而且发生火灾等意外事故时容易导致城市轨道交通中断,影响整个城市轨道交通的运行安全。因此,在上述场所均采用自动灭火系统进行保护。

自动灭火系统由存储输送灭火介质的管网子系统和探测报警的控制子系统组成,平时由后者监视防护区的状态,并按预先设定的控制方式启动灭火装置,达到扑救防护区火灾的目的。

目前常用的自动灭火系统主要有 CO_2 灭火系统、气溶胶灭火系统、惰性气体灭火系统及卤代烃类化学气体灭火系统和水灭火范畴的细水雾灭火系统。其中,CO_2 灭火系统和气溶胶灭火系统不适用于城市轨道交通。

二、细水雾灭火系统

细水雾灭火系统的灭火原理是,使用经过特殊构造的细水雾喷嘴,通过水与雾化介质作用而产生水微粒,水微粒受热蒸发产生体积急剧膨胀的水蒸气(大约 1700 倍)。上述过程包括两个方面:一方面,蒸发吸热,冷却燃烧反应;另一方面,大量产生的水蒸气能降低封闭火场的氧浓度,起到窒息燃烧反应的作用,达到双重物理灭火的效果。此外,水微粒有较大表面积,能够有效地吸收并分散热辐射。细水雾灭火系统的特点见表 5-4。

细水雾灭火系统的特点　　表 5-4

优点	缺点
灭火介质水源容易获取,灭火的可持续能力强	灭火速度较气体灭火系统慢
优良的火情抑制能力,既起冷却作用又能有效地隔绝辐射热	系统选型和设计受水雾本身和被保护对象的影响大,个性化要求高
有效地排除火灾区域内的烟气	灭火介质为水,这样对保护区电源系统的要求也较高
可承受一定限度的通风,对防护区密闭要求相对较低	系统喷放后对电子、电气设备造成的二次危害程度,需要通过实体火灾试验来确定
无浓度方面的限制,对人体无害,环保性能高	
既可局部应用,保护独立的设备或设备的一部分,又可作为全淹没系统,保护整个防护区	
对大、中空间场所的保护具有技术和经济方面的优势	

三、气体灭火系统

城市轨道交通采用的气体灭火系统主要包括卤代烃类气体类灭火系统和惰性气体类灭

火系统。

1. 卤代烃类气体灭火系统

卤代烃类气体灭火剂通过化学作用抑制燃烧过程中的化学反应达到灭火目的。常用的卤代烃类气体灭火剂有两种,即七氟丙烷和三氟甲烷。按储存压力,卤代烃类气体灭火剂又分为2.5MPa(低压)与4.2MPa(高压)两类。影响其灭火效果的主要因素与其他气体灭火系统相同,包括两个方面:一方面要求防护区封闭;另一方面由于气体总量受限,不可以持续灭火。

卤代烃类气体灭火系统的特点见表5-5。

卤代烃类气体类灭火系统的特点　　　　　　　　　　表5-5

优点	缺点
适用范围广,适用于任何一种防护区类型,对中、小空间场所的保护具有技术和经济方面的优势	在灭火过程中产生的热腐蚀产物(如HF)容易对精密仪器造成损害,气体喷放后需要及时开启排风系统
灭火效率高,其单位体积防护区空间所用气量要远低于通过物理作用达到灭火目的的其他灭火剂。该类系统储气量较少,单个气瓶占用的面积较少,是惰性气体类灭火系统的1/2	卤代烃类灭火剂与哈龙气体都属于氟系列的灭火剂,在大气中存活时间长,同时温室效应值高,不利于环保
前期造价较低,在规模小、防护区集中的车站,在造价上有一定的优势,与惰性气体灭火系统比较,造价比约为3:4	灭火介质单价高,占初期投资比例高,维护充装费用要高于惰性气体灭火系统

2. 惰性气体灭火系统

惰性气体灭火系统的原理是,通过物理窒息作用将防护区内的氧气浓度降低至不支持燃烧的范围而达到灭火的目的。影响其灭火效果的主要因素与其他气体灭火系统相同,即一方面要求防护区封闭;另一方面由于气体总量受限,不可以持续灭火。目前,最常见的惰性气体有3种,即氮气、烟烙尽和氩气。

惰性气体灭火介质取自于大气,属环保型灭火剂。

惰性气体灭火系统基本采用全淹没的组合分配系统形式。储存压力有15MPa与20MPa两种。储存压力越高,单位容积气瓶可容纳更多灭火介质,并且高压能让气体输送得更远,达到长距离(从钢瓶间至保护区可达150m)的输送目的。惰性气体类灭火系统的特点见表5-6。

惰性气体灭火系统的特点　　　　　　　　　　表5-6

优点	缺点
惰性气体灭火介质是纯天然的洁净气体灭火剂,使用惰性气体灭火系统灭火时,只是将气体放回大自然中去,不会对大气臭氧层产生任何破坏作用,是真正的绿色环保灭火剂	高达15MPa(20MPa)的储存压力使系统对各产品部件的承压标准、密封效果、输送管道的施工质量及维护管理提出了较高的要求
在灭火过程中无任何分解物,平时以气态储存,喷放时不会形成浓雾或造成视野不清,使人员在火灾时能清楚地分辨逃生方向	以窒息的物理作用灭火,设计浓度高,气瓶数量多

续上表

优点	缺点
系统保护距离较长,一般在车站两端各设置一个气瓶室,既能满足消防系统要求,使建筑灵活布置,又能充分体现组合分配式系统的优点	惰性气体单个气瓶室占用的面积相对卤代烃类灭火系统大,虽然总的气瓶室数量少,但是气瓶室占用的总面积与卤代烃类灭火系统相差无几
维护充装费用要低于卤代烃类气体灭火系统	灭火时会产生较高正压,所以对防护区结构要求较高

烟烙尽气体灭火系统

1. 烟烙尽气体灭火系统结构形式

烟烙尽气体灭火系统采用组合分配系统,这种形式能减少灭火剂的总用量。因为每一个组合分配系统是用其中最大用量保护区的用量数作为系统的总用量,而不必将各保护区的需用量累加起来作为系统的总用量(分散设置的方式)。

2. 灭火原理

作为灭火药剂的烟烙尽气体,由52%的氮气、40%的氩气和8%的二氧化碳这3种自然存在于大气中的气体组成,对扑灭A、B、C类火灾有效。当烟烙尽气体按照规定的设计灭火浓度喷放于需要保护的区域中时,可以在1min之内将区域内的氧气浓度迅速降至12.5%,使燃烧无法继续进行。同时,在这样低的氧气浓度下,由于保护区域中的二氧化碳浓度已从自然状态下的低于1%提高到4%,此时区域中人的呼吸速率比平时加快,但仍可以维持正常的生命所需。其中,氩气还具有加强烟烙尽气体在所保护区域中的流动性、进一步提高灭火效率的作用。

3. 系统组成

烟烙尽气体灭火系统由管网系统和报警控制系统组成。

(1)管网系统由烟烙尽气体钢瓶及瓶头阀、启动钢瓶及电磁阀、不锈钢启动软管、高压软管、集流管、放气阀、单向阀、减压装置、选择阀、压力开关、喷嘴和气体输送管道组成。

(2)报警控制系统由气体灭火控制器(图5-16)、光电感烟探测器、差定感温探测器、警铃、声光报警器、气体释放指示灯、手动/自动指示灯、【紧急停喷】按钮(图5-17)、远程控制装置(图5-18)、辅助联动电源箱(含蓄电池)等部分组成。

4. 系统的操作方式

烟烙尽气体灭火系统要求同时具有自动控制、手动控制和应急操作3种控制方式。3种控制方式的动作程序如下:

(1)自动控制。当控制系统处于自动工作状态时,系统自动完成火灾探测、报警、联动控制及灭火整个过程。

第一步,防护区内的单一探测回路探测到火灾信号后,气体灭火控制器启动设在该保护区域内的警铃,同时向火灾自动报警系统提供火灾预报警信号。

图 5-16　气体灭火控制器

图 5-17　【紧急停喷】按钮(车控室 IBP 盘)

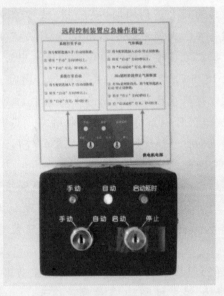

图 5-18　远程控制装置

第二步,同一防护区内的两个回路都探测到火灾信号后,气体灭火控制器启动设在该防护区域内外的声光报警器,同时向火灾自动报警系统输出火灾确认信号,并进入 30s 延时。在延时过程中,继电器模块上的继电器触点开关动作,由辅助电源箱提供 24V 直流电源,从而关闭防火阀。此时,若发现是系统误动作或确有火灾发生,仅使用手提式灭火器和其他移动式灭火设备即可扑灭火灾,然后按下车控室综合后备盘上的【紧急止喷】按钮(必须持久按下,直至系统复位),或者通过防护区门外的"远程控制装置",用专用钥匙转至"停止"位维持 3s 以上,使系统暂时停止释放灭火剂。如需继续开启烟烙尽气体灭火系统可进入手动模式后手动启动。

第三步,30s延时结束时,气体灭火控制器输出有源信号至启动钢瓶及电磁阀,释放氮气,氮气通过启动软管打开相应的选择阀和瓶头阀,气体通过管道进入防护区。气体释放信号回传至火灾自动报警系统和气体灭火控制器,由气体灭火控制器启动防护区外的释放指示灯。防护区域门内外的蜂鸣器及闪灯在灭火期间将一直工作,警告所有人员不能进入保护区域,直至确认火灾已经扑灭。

(2)手动控制。此处所说的手动控制,实际上还是通过电气方式的手动控制,可以通过气体灭火控制器或者远程控制装置将系统切换到手动状态,接下来通过气体灭火控制器长按3s"手动启动"或者远程控制装置钥匙开关拧到"启动"位保持3s,使系统进入气体释放延时状态,延时30s。

(3)应急操作。机械应急操作实际上是跳过控制系统的纯手动操作,只有当自动控制和手动控制均失效时,才需要采取应急操作。

操作时需首先手动打开对应房间选择阀,然后找到对应房间的瓶头阀,拔出保险销,将瓶头操作手柄向上推到顶,灭火气体即时释放。需要注意的是,应急操作时没有30s释放延时。

【典型任务5-1】 车站消防系统认知

1. 任务描述

(1)熟练识别车站消防系统的主要设备,并说出各设备的作用。

(2)掌握车站消防系统的主要设备的日常检查内容。

2. 任务实施

(1)将授课班级学生分组,每5~8人为一个学习小组。

(2)实地调研或网络查阅所在城市地铁某条线路使用的车站消防系统,把车站消防系统的主要设备名称及作用汇总在本教材附表5-1"典型任务实训工单"的表A中。

(3)根据总结的设备名称,利用校内实训室的车站消防系统,分小组对消防设备进行日常检查,并把日常检查内容和注意事项汇总在本教材附表5-1"典型任务实训工单"的表B中。

单元5.4 车站火灾救援

一、车站设备区(包括无气体保护房间)火灾应急处理程序

车站设备区(包括无气体保护房间)火灾应急处理程序见表5-7。

车站设备区(包括无气体保护房间)火灾应急处理程序　　　　　　　　　表 5-7

巡视岗	(1)立即赶到现场协助灭火,确认火灾不可控制时,立即关停自动扶梯,并组织站台乘客向站外疏散。 (2)确认站台乘客疏散完毕后报车控室。 (3)听从值班站长安排
行车值班员	(1)接收到火警信息后,立即通知值班站长、客运值班员到报警点确认。 (2)确认发生火灾后,通知巡视岗、保洁等驻站人员协助灭火;报环控调度员、行车调度员、119 和 120、地铁公安,根据情况向行车调度员申请列车在本站通过。 (3)按压自动售检票系统紧急按钮,将自动检票机设为紧急模式。 (4)广播通知所有岗位执行设备区火灾应急疏散处理程序,并反复广播引导乘客疏散。 (5)及时将火灾情况报告行车调度员,并与行车调度员、值班站长保持联系,安排保洁人员到紧急出口外等待消防人员。 (6)撤退时,随身携带与行车调度员联系的无线电台。 (7)必要时,将相关设备区通道门门禁设置为常开状态,以方便抢险
值班站长	(1)接到火警通知后,立即携带相应房间钥匙等到现场确认,组织灭火。 (2)确认火灾不可控制时,关闭火灾房间的防火门,执行设备区火灾应急疏散处理程序,及时组织疏散乘客。 (3)安排人员在出入口拦截乘客进站。 (4)消防队到现场后,将有关信息通报给消防负责人后,视情况组织员工灭火或撤退;当撤退时负责确认所有站内人员的疏散完毕。 (5)负责与各方的协调与沟通
客运值班员	(1)接到火警通知后,立即赶到现场协助灭火,确认火灾不可控制时,立即赶到车控室,确认相应的火灾模式开启(注意:确认疏散指示开启,下同)。 (2)确认所有自动检票机已设为紧急模式,按照环控调度员的指示操作有关设备,确认行车值班员报警情况。 (3)听从值班站长安排
售票员(1)	(1)接到执行火灾应急疏散处理程序的通知后,收好钱和票,关闭售票处电源,确认自动检票机已设为紧急模式,打开边门。利用手提广播疏导乘客出站。 (2)确认已关停自动扶梯。 (3)到出口拦截进站乘客并做好解释工作
售票员(2)	(1)接到执行火灾应急疏散处理程序的通知后,收好钱和票,关闭售票处电源。 (2)确认自动检票机已设为紧急模式,打开边门,利用手提广播疏散乘客出站。 (3)确认站厅乘客全部疏散出站后报车控室。 (4)听从值班站长安排
保洁、商铺等驻站人员	(1)接到通知后立即赶到现场协助灭火。 (2)确认火灾不可控制后,保洁人员到车控室领取"紧急通知",到出入口进行张贴,并关停出入口自动扶梯;等候消防队到来后,引导至现场灭火。 (3)其他驻站人员协助疏导乘客出站

续上表

司机	(1)当行车调度员通知在火灾站的前方站扣车时,在站台开门待命,并做好乘客广播。 (2)接到车站发生火灾的通知后,行车调度员决定在火灾站停车时,司机做好乘客广播,通知车上乘客在该站不下车。 (3)如行车调度员决定在火灾站通过时,司机做好乘客广播并加强对前方道路的观察。 (4)当列车停在火灾站时,立即关门,启动列车开往下一站

注意:

(1)当进行现场处理时,要注意做好个人防护。

(2)当员工需撤离到站外时,须到紧急出口外集合,由值班站长点名确认,并向行车调度员留下联系人姓名及其电话。

(3)换乘站发生类似紧急情况时,车站要进行联动处理。

(4)只有一个售票处的车站,由值班站长安排人员负责完成售票员的应急工作。

(5)有需要时进行门禁"紧急释放"按钮操作,保证相关人员可以顺利地进出车站设备区。

(6)车站无气体灭火系统保护的供电用房报火警时:

①若确认为是办公、生活用品、明敷低压电线着火,车站立即用二氧化碳或干粉灭火器进行灭火并按规定报告。若确认火势不可控制时,按前程序处理。

②当供电用房内设备着火时:

a. 若确认为直流开关柜室内的整流器柜、负极柜,或者制动控制室、制动电阻室内设备着火,进入房间灭火时不得打开柜门,只需用灭火器对准设备外表喷洒。

b. 若整流变压室报火警,只需打开室门确认即可,严禁打开室内的围网。确认火灾后,立即在围网外用灭火器对准设备外表喷洒。

c. 当上述供电用房内的其他设备及其他供电用房内的设备着火时,若是可以打开柜门的设备,均可打开柜门灭火,并要注意做好个人防护(戴绝缘手套、穿绝缘靴)。

d. 供电用房内凡张贴了禁止开柜门灭火标志的设备,均严禁开柜门灭火。

车站设备房(有气体保护)火灾应急处理程序与上述相似。

二、车站站厅公共区火灾应急处理程序

车站站厅公共区火灾应急处理程序见表5-8。

车站站厅公共区火灾应急处理程序 表5-8

巡视岗	(1)接到火警通知后赶到现场协助灭火,接到执行火灾应急疏散处理程序的通知后,立即到达站台从远离火灾的一端疏散站台乘客,关停站自动扶梯。 (2)当站台停有列车时,立即通知司机火灾信息,可将站台乘客疏散到列车上,通知司机立即关门启动发车。 (3)确认站台乘客疏散完后报车控室。 (4)听从值班站长安排

续上表

行车值班员	(1)接收到火警信息后,立即通知值班站长、客运值班员到报警点确认。 (2)确认发生火灾后,通知巡视岗、保洁等驻站人员协助灭火;报环控调度员、行车调度员、119和120、地铁公安,根据情况向行车调度员申请列车在本站通过。 (3)按压自动售检票系统紧急按钮,将自动检票机设为紧急模式。 (4)广播通知所有岗位执行站厅火灾应急疏散处理程序,并反复广播引导乘客疏散。 (5)及时将火灾情况报告行车调度员,并与行车调度员、值班站长保持联系,安排保洁人员到紧急出口外等待消防人员。 (6)必要时,将相关设备区通道门门禁设置为常开状态,以方便抢险。 (7)需撤退时,随身携带与行车调度联系的无线电台
值班站长	(1)接到火警通知后,立即到现场确认,组织灭火。 (2)当确认火灾不可控制时,执行站厅火灾应急疏散处理程序,及时组织疏散乘客。 (3)安排人员在出入口拦截乘客进站。 (4)消防队到现场后,将有关信息通报给消防负责人后,视情况组织员工灭火或撤退;当撤退时,值班站长负责确认所有站内人员疏散完毕。 (5)负责与各方的协调与沟通
客运值班员	(1)接到火警通知后,立即赶到车控室,确认情况和相应的火灾模式开启(注意:确认疏散指示开启,下同)。 (2)赶到现场协助,当火灾不可控制时,确认所有自动检票机已设为紧急模式。 (3)听从值班站长安排。在站厅组织乘客疏散。 (4)接收到站台乘客疏散完的信息后,最后确认站厅乘客全部疏散出站后报车控室。 (5)听从值班站长安排
售票员(1)	(1)确认并向车控室报告火灾位置、大小、火灾性质等,进行第一时间的灭火。 (2)确认火灾不可扑救后,立即停自动扶梯并疏散乘客出站。 (3)确认站厅乘客疏散完毕后报车控室。 (4)听从值班站长安排
售票员(2)	(1)接到火警通知后收好钱和票,关闭售票处电源,赶到现场协助灭火,接到执行火灾应急疏散处理程序的通知,确认自动检票机已设为紧急模式,打开边门;同时,利用手提广播疏导乘客出站。 (2)确认已关停自动扶梯。 (3)到出口拦截乘客进站并做好解释工作。 (4)听从值班站长安排
保洁、商铺等驻站人员	(1)接到通知后立即赶到现场协助灭火。 (2)当确认火灾不可控制后,保洁人员到车控室领取"紧急通知",到出入口进行张贴,并关停出入口自动扶梯;等候消防队到来后,引导其至现场灭火。 (3)其他驻站人员协助疏导乘客出站
司机	(1)行车调度员通知在火灾站的前方站扣车时,在站台开门待命,并做好乘客广播。 (2)当接到车站发生火灾的通知后,行车调度员决定在火灾站停车时,司机做好乘客广播,通知车上乘客在该站不下车。 (3)如行车调度员决定在火灾站通过时,司机做好乘客广播并加强对前方道路的观察。 (4)当列车停在火灾站时,立即关门启动开往下一站

注意：

(1) 只有一个售票处的车站，由值班站长安排人员负责完成售票员的应急工作。

(2) 有需要时进行门禁紧急释放按钮操作，保证相关人员可以顺利地进出车站设备区。

前沿技术　城市轨道交通车站消防系统的技术发展和未来趋势

城市轨道交通车站消防系统的技术发展与未来趋势包括以下几个方面。

1. 智能化和自动化

随着人工智能、物联网等技术的发展，城市轨道交通车站消防系统将更加智能化和自动化。例如，利用智能传感器和监控系统，可以实时监测车站内的火灾情况，自动报警并启动相应的消防设备，提高火灾应对的及时性和准确性。

2. 新型灭火技术

随着技术的进步，新型的灭火技术也将应用于城市轨道交通车站消防系统。例如，采用超细干粉灭火器、气体灭火系统等新型灭火设备和技术，可以在短时间内扑灭火灾，减少火灾造成的损失。

3. 数据分析和预测

通过对历史火灾数据、车站环境数据等的分析，可以对火灾发生的可能性进行预测，从而提前采取相应的预防措施。这将有助于提高城市轨道交通车站的消防安全水平。

4. 集成化

未来城市轨道交通车站消防系统将更加集成化，将各种消防设备和技术整合到一个系统中，实现统一管理和调度。这将有助于提高消防系统的效率和响应速度。

5. 人性化设计

城市轨道交通车站消防系统将更加注重人性化设计，如设置明显的安全出口标识、提供紧急救援设备等，以便在火灾发生时为乘客提供更好的逃生条件。

6. 绿色环保

随着环保意识的增强，城市轨道交通车站消防系统将更加注重绿色环保性能。例如，采用环保型的灭火器和气体灭火系统等，降低对环境的影响。

7. 标准化和规范化

未来城市轨道交通车站消防系统的设计和建设将更加标准化和规范化。这将有助于提高消防系统的可靠性和安全性，减少火灾事故的发生。

【典型任务 5-2】　车站火灾应急处理

1. 任务描述

(1) 掌握车站消防系统各主要设备的操作与控制模式。

(2)掌握车站不同类型火灾的应急处理程序。

2. 任务实施

(1)将授课班级学生分组,每5~8人为一个学习小组。

(2)教师设置不同类型的车站火灾应急处理任务,小组成员分角色模拟不同任务的应急处理流程,然后将不同岗位操作的具体流程和注意事项汇总在本教材附表5-2"典型任务实训工单"中。

复习思考题

一、选择题

1. 以下哪种火灾属于A类火灾?(　　)
   A. 汽油　　　　　　　　　　B. 纸张
   C. 煤气　　　　　　　　　　D. 电线短路

2. 以下哪种火灾属于B类火灾?(　　)
   A. 毛发　　　　　　　　　　B. 天然气
   C. 煤油　　　　　　　　　　D. 动植物油脂

3. 以下哪种火灾属于E类火灾?(　　)
   A. 棉麻　　　　　　　　　　B. 金属钠
   C. 带电物体　　　　　　　　D. 天然气

4. 使用消火栓灭火时,需要对准火源的(　　)灭火。
   A. 火焰顶部　　　　　　　　B. 火焰中部
   C. 火焰根部　　　　　　　　D. 火焰全部

5. 火灾自动报警系统的英文缩略词为(　　)。
   A. FAS　　　B. BAS　　　C. DES　　　D. TES

6. (　　)不但是消防官兵处理火险时的好帮手,而且是群众在火灾危急关头的救命符。
   A. 电梯　　　B. 灭火器　　　C. 消防门　　　D. 消防标志

7. 灭火器压力表指针对准(　　)区域表示压力不足。
   A. 绿色　　　B. 黄色　　　C. 灰色　　　D. 红色

8. (　　)不属于轨道交通车站火灾触发器件。
   A. 手动火灾报警按钮　　　　B. 消防联动控制柜
   C. 感温电缆　　　　　　　　D. 感烟探测器

9. (　　)事故是发生在城市轨道交通中很严重的事故,它不仅会造成人员的大量伤亡,而且会使得城市的交通发生大面积堵塞。
   A. 水灾　　　B. 火灾　　　C. 追尾　　　D. 停电

10. 以下哪种地铁火灾事故的原因属于人为因素?(　　)
    A. 缺乏相关法律或规定　　　B. 地震
    C. 乘客因素　　　　　　　　D. 技术缺陷

11. 当车站发生火灾时,(　　)是现场第一应急处置负责人。
   A. 列车司机　　　　　　　　B. 车站站长
   C. 车辆段/场调度　　　　　　D. 现场职位最高者
12. 当车辆段/场发生火灾时,(　　)是现场第一应急处置负责人。
   A. 列车司机　　　　　　　　B. 车站站长
   C. 车辆段/场调度　　　　　　D. 现场职位最高者

二、判断题

1. 火灾自动报警系统是人们为了及早发现通报火灾,并及时采取有效措施,控制和扑灭火灾,而设置在建筑物中或其他场所的一种自动消防设施。(　　)
2. 地铁火灾自动报警系统按照"预防为主,防消结合"的基本工作方针和安全适用、技术先进、经济合理的基本要求进行设计。(　　)
3. 区间隧道是地铁火灾自动报警系统的二级保护对象。(　　)
4. 地铁的消防报警系统的整体设计是一体化网络、两级管理、三级控制。(　　)
5. 地铁密闭条件好,火灾发生后,热量不易散出,火势猛烈阶段,温度可达1000℃以上,有时会造成气流方向的变化,对救援和逃生影响较大。(　　)

三、简答题

1. 城市轨道交通火灾有何特点?
2. 城市轨道交通车站为什么要设防火分区?
3. 消防标志有何作用?常见消防标志有哪些?
4. 简述灭火器的使用方法。
5. 火灾自动报警系统有哪些功能?
6. 火灾自动报警系统由哪几部分组成?
7. 火灾有哪几种类型?
8. 如何根据火灾类型选择灭火系统?
9. 简述细水雾灭火系统的原理。
10. 简述气体灭火系统的原理。
11. 简述烟烙尽气体灭火系统自动控制模式的工作过程。
12. 在城市轨道交通火灾救援工作中,行车值班员的职责有哪些?

模块 6
车站给排水系统

教学目标

1. 掌握车站给排水系统的组成及分类。
2. 熟悉车站给排水系统的主要设备。
3. 掌握车站给排水系统日常巡检。
4. 会对车站给排水系统出现的应急情况进行处理。

建议学时

4 学时

单元 6.1　车站给排水系统概述

城市轨道交通车站给排水系统的功能是满足车站的生产、生活和消防用水对水量、水质和水压的要求,保证车站和车辆段排水通畅,为城市轨道交通安全运营提供服务,同时对生活污水和生产污水进行收集和处理,达到排放标准。

车站给排水系统由给水系统和排水系统两部分组成。其中,给水系统包括生产、生活给水系统和消防给水系统,排水系统包括污水系统、废水系统、雨水系统。

生产、生活给水系统对水系统的状态、参数进行监测与控制,保证水系统的运行参数满足建筑的供水要求,以及供水系统的安全。

由于消防给水系统与火灾自动报警系统以及自动灭火系统密切联系,国家技术规范规定消防给水应由消防系统统一控制管理。因此,消防给水系统由消防联动控制系统进行控制。

历史知识　　我国城市轨道交通车站给排水系统的发展历程

我国城市轨道交通车站给排水系统的发展历程主要分为以下 3 个阶段:

(1) 初始阶段。在城市轨道交通建设的初期,给排水系统主要是通过自然坡度和建设排水沟将地下水和雨水、污水排出。这个阶段的给排水系统比较简单,对环境的影响较大,废水未经处理直接排放到周边的河流或地下水系统,可能导致水体受到污染。

(2)完善阶段。随着城市轨道交通规模的扩大和线路的复杂化,需要建设更加完善的给排水系统。在这一阶段,城市轨道交通建设者开始建设地下管网,包括雨水管道和污水管道。这些管道将地下水和雨水、污水收集起来,并在经过适当处理后再进行排放。这个阶段的给排水系统能够减少对周边水体的污染,但建设成本和维护成本较高。

(3)创新阶段。在目前的城市轨道交通建设中,给排水系统的设计和建设更加注重技术创新和智能化发展。例如,利用物联网、大数据等先进技术对给排水系统进行监测和优化,提高系统的运行效率和可靠性。同时,采用环保型材料和设备,降低对环境的影响。

总体来说,我国城市轨道交通车站给排水系统在创新和完善中,逐步向着高效、环保、智能化的方向发展。

单元6.2 车站给水系统

一、生产、生活给水系统

车辆段一般采取高低水箱、水泵液位自控装置等组成的供水系统。车站给水系统则大部分采用市政自来水管网作为供水水源,从城市不同自来水管网的干管引入两条管径为 DN150 或 DN200 的主进水管,进站前设置水表井和水表,每条进水管水表前设置室外消火栓。茶水间、卫生间、冷水机组、冷却塔、污水和废水泵房冲洗等生产、生活用水均由引入管接出的给水管直接供给,在站内采用枝状管网直接给水方式。

从结构上看,地下车站的生产、生活给水管道一般沿车站风井、出入口等处与消防供水管道一起进入地下车站。车站设有站内总阀门,一路管道沿站厅层顶部两侧延伸至车站两端;另一路管道由车站一端向下穿入站台层站台板下,给水管道沿着站台板下向车站另一端延伸。

车站除卫生设备用水、空调设备用水、生活用水外,在车站站厅层两侧和站台层自动扶梯旁等处均设有冲洗栓,供车站冲洗使用。另外,在水泵房环控机房等处也均设有水龙头。

穿越站厅层、站台层上方部位的管道均采取保温措施,以防管道外露。保温材料为超细玻璃棉毡,保温层厚度为20mm。

枝状布置的给水管道,一般每隔4m左右设一处支架或支墩进行固定。生产、生活给水管道按设计均采用镀锌钢管道,用丝扣连接。车站地面部分给水管道采用承插式连接。

二、消防给水系统

消防给水系统由水源(城市市政自来水管网)、消防泵、稳压泵、稳压罐、管道、各类阀门、消火栓箱、水带、灭火器、喷淋头等组成。

为保证消防用水压力,车站内设置消防泵房,直接由市政自来水管网抽水加压,不设消防水池。消防给水引入管在消防泵房处设置倒流防止器,并设超越管与车站消防环网连接。消防给水在站内采用环状管网给水方式。

1. 消火栓灭火系统

消火栓灭火系统是消防系统中为专业消防人员或非专业消防人员扑灭初期火灾提供水源的设备及工具的组合。

消火栓灭火系统由消防管道、消防增压泵、消防稳压泵、消防水池、消火栓、消火栓接合器、消火栓按钮(报警按钮)等组成。

消火栓按空间布置可以分为室内消火栓和室外消火栓。其中,室内消火栓箱内配有消防水带、消防卷盘、消防水枪、蜂鸣器及消火栓闸阀;室外消火栓按照安装形式又可分为地上式、地下式和直埋伸缩式,按消火栓出水口个数可分为单口式、双口式和三出水口式等。

2. 消火栓系统结构

消火栓给水系统在站厅层形成环状管网,并在车站两端分别用 DN150 或 DN200 的立管和站台层站台板下消防管网相连,形成水平成环、竖向成环的车站消防环状供水管网,并在站厅层的端部环管上分别设置 2 根竖管,接至两端区间。室内消火栓的布置保证每一个防火分区同层有两支水枪的充实水柱同时达到任何部位,每一股水柱流量不小于 5L/s,水枪的充实水柱长度不小于 10m;车站消火栓间距按国家现行规范进行计算,单口单阀消火栓不大于 30m,双口双阀消火栓不大于 50m。

站厅层、设备区及出入口的消火栓主要采用单口单阀消火栓,在站台层设备区端部、出入口端部局部采用双口双阀消火栓,在站台公共区设双口双阀消火栓。长度超过 20m 的通道通风空调机房内设置消火栓,不超过 5 个消火栓布置一个检修蝶阀,系统在高处设置排气阀,最低处设置泄水阀。车站采用薄型单栓或双栓带灭火器组合式大型消火栓箱,箱内上部设口径为 DN65 的单口单阀或双口双阀消火栓,消火栓采用减压稳压旋转式,水枪喷嘴直径为 19mm,每根水龙带长度为 25m,箱内设自救式软管卷盘 1 套,公共区下部设 4 具干粉灭火器,设备区下部设 3 具灭火器。

在车站便于消防车使用的风亭口合适位置设置 1 座 DN150 消防水泵接合器井,距水泵接合器井 15～40m 范围内市政给水管网上设置 1 个室外消火栓,一般采用地下式,消火栓设有 DN100 和 DN65 的栓口各 1 个,且有防冻措施,主要功能是保障消防管道内水源设计压力,使救援人员能在火灾第一时间通过消防器材实施灭火,最大限度地保障人员和设备的安全。

3. 消火栓的使用

当发现火灾时,按动火灾报警按钮,向消防控制中心发出火灾报警信号,远程启动消防水泵,然后打开消火栓箱门,迅速拉出水带、水枪(或消防水喉),将水带一头与消火栓出口接好,另一头与水枪接好,展(甩)开水带,开启消火栓手轮,握紧水枪(最好两人配合),将喷射的水流指向着火点实施灭火。

4. 自动喷水灭火系统

自动喷水灭火系统就是装有喷头或喷嘴的管网系统,一般安装在车站办公用房和设备用房的上方。

自动喷水灭火系统由水源、加压送水设备(水泵)、湿式报警阀、管网、喷头、水流指示器、压力开关、末端试验装置及火灾探测系统等组成。在火灾联动模式下,自动喷水灭火系统会自动启动,将水或以水为主的灭火剂喷向着火区域,扑灭火灾或控制火灾蔓延。自动喷水灭火系统工作原理图如图 6-1 所示。

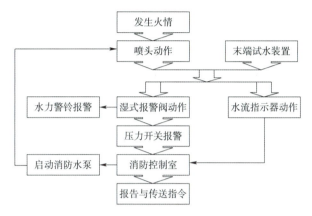

图 6-1　自动喷水灭火系统工作原理图

自动喷水灭火系统结合火灾自动报警系统,能够随时警惕火灾,安全可靠,是体现"预防为主、防消结合"方针的最好措施,而且水利用率高,水溅损失小。

车站消防给水系统均应保持良好的状态,以备随时投入使用。平时,车站运营工作人员应定期巡视或检查设备,若发现故障,及时、准确地汇报故障情况。任何人不得随意改变消防供水管网的状态,消防供水管网的全部阀门均应处于开启状态,并开启至最大位置。为此,操作人员应熟悉消防供水管道的阀门位置、管道走向、设备现状,定期进行消火栓系统设备的联动喷放检查和自动喷水灭火系统设备的联动喷放检查,做好设备检查记录。以上设备检查均应在保证城市轨道交通正常运营的前提下进行。

单元 6.3　车站排水系统

一、排水系统概述

城市轨道交通车站的排水系统除了重力排水外,机械排水主要有以下 5 个独立排水方式,车控室通过环境与设备监控系统对设备运行状态进行监控。

1. 车站废水排水

车站废水主要包括结构渗漏水、冲洗废水、消防废水及事故排水等。车站站厅层和站台层的冲洗废水、消防废水等由地漏引入轨道两侧的线路明线和站台板下的排水线内,线路明线以 3‰ 的坡度将废水汇集至车站废水泵站的集水池。站台下排水采用两边的小明沟,并依靠底板2‰纵坡将废水汇集到废水泵房集水池。

一般车站内设1~2座废水泵站，位置均设在车站的端头，集水池设在废水泵下部。每座废水泵站内设2~3台排水泵。日常2台水泵备用，消防时2台水泵并联使用，排除消防废水。集水池容积按大于5min水泵出水量计。废水由排水泵提升后排入市政下水管道。排水泵站的排水管道一般沿车站风井处穿出车站后与市政下水道连通。废水排水管道口径一般为DN150或DN200，集水池下设有反冲洗管，用于冲搅集水池底部，减少池内杂物沉淀。在排水管道的止回阀两端设有一根连通管道，用于反冲洗水泵的叶轮及吸水口，防止泵吸水口叶轮堵塞。

排水泵站设有就地电气控制箱和液体浮球，根据集水池水位情况自动排水，当高水位时两排水泵均自动排水，一般集水池内设有停泵浮球、第一开泵水位浮球、第二开泵水位（高水位）浮球和低水位浮球、高水位报警浮球共5个。车控室计算机显示水泵运行中开泵、停泵、运行时间、低水位报警、高水位报警等情况。

2. 区间隧道排水

城市轨道交通的区间隧道内主要有结构渗漏水、消防废水、冲洗废水等。在车站线路或两城市轨道交通车站之间中部的线路洼处设置有排水泵站。大部分排水泵站设置在上、下行线两路之间的联络通道中。废水由线路两侧明沟汇集到泵站集水池。集水池容积按4h隧道渗水量考虑。泵站一般设有2台潜水泵，2台潜水泵平时一用一备，消防时2台潜水泵并联使用。

水泵配有自动耦合机构和自动反冲洗阀装置。泵体与出水管道无须螺栓连接，这样方便安装维修工作。在水泵启动后反冲阀会自动打开，利用水泵抽出的水压对集水池底部进行冲搅，约30s后阀门自行关闭，水泵排水。

一部分泵站的废水，经水泵提升先排入车站废水泵站的集水池，再由车站排水泵将废水排出车站；另一部分泵站废水由水泵提升后直接排出车站。泵站运行控制方式同上述车站废水泵站一样。

在维护工况下，操作维修人员可由地面进入区间排水泵站内。

区间排水泵站设备与车站的废水泵站设备布置相同。

3. 车站污水排水

车站内卫生间等产生的生活污水由排水管道汇集至污水池（主要是厕所污水），污水池设在污水泵站下部。每个车站一般设一个污水泵站。每个泵站设有2台AS型潜水泵，平时一用一备（互为备用）。该水泵配有自动耦合机构，水泵出水管道无须螺栓连接，便于安装、维修。污水池的有效容积不大于6h的水泵排水量。水泵采用水位就地控制，自动排水运行，不设第二开泵水位浮球。同样，车控室内可显示水泵的运行情况。污水经水泵提升后一般排入设在地面的化粪池内。

4. 车站出入口排水

在车站敞开式出入口和自动扶梯下，设有排水泵2台。其集水池主要汇集敞开式出入口的雨水和车站结构的渗漏水。每个泵站设有2台排水泵，平时一用一备（互为备用）。排水管道沿出入口穿出车站与市政排水管道连通。水泵采用水位就地控制，自动运行排水。

运行方式同污水泵相似,但该处水泵不设自动耦合装置。

5. 风井部位排水

在地下车站的风井等部位也设有泵站和集水池,主要汇集风井口雨水和车站结构渗漏水。每个泵站设有 2 台排水泵,平时一用一备(互为备用)。水泵采用水位就地控制,自动运行排水。运行方式同车站出入口排水泵相似。但排水方式分为水泵提升后直接排水出车站和先经水泵提升后排入车站泵站,再排出车站两种情况。

二、排水的一般控制

(1)排水泵站均采用就地水位自动控制运行。就地设置电气控制箱,当将电控箱上的转换开关设定在一用二备或二备一用的位置时,水泵会根据水位高低自动运行排水。

(2)车控室内遥信显示水泵运行情况(如开泵、停泵、运行时间等)和高低水位报警。

(3)车站废水泵站、区间排水泵站(包括消防增压水泵)等城市轨道交通主要排水泵站均采用双电源供电。当集水池高水位时,上述主要排水泵站均可双泵并联启动排水。

城市轨道交通车站废水泵站、污水泵站和区间隧道内的排水泵站等主要排水泵站,均加装有应急排水接口装置,以便设备维修等应急排水之用。

单元 6.4 车站给排水系统的主要设备

车站给排水系统的主要设备有水泵、消火栓等。

一、水泵

1. 水泵的分类

水泵最基本的分类方法是根据水泵的工作原理分类,可分为叶片式泵、容积式泵和其他类型泵。

(1)叶片式泵

叶片式泵是指利用泵内工作液体的高速旋转运动使液体的能量增加。由于其工作体是由若干弯曲状叶片组成的一个叶轮,所以称为叶片泵。根据不同叶片形状对液体产生的作用不同,以及液流流出叶轮的方向的不同,叶片式泵又可分为离心叶片式泵(径流)、轴流叶片式泵(轴流)和混流叶片式泵(斜流)。

(2)容积式泵

容积式泵是指通过泵内工作体对液体的挤压运动使液体的能量增加。它是通过体积交换改变液体所占空间的容积来实现挤压的,所以称为容积泵。根据挤压运动的方式不同,容积式泵可分为往复容积式泵(如活塞泵、柱塞泵等)和回转容积式泵(如齿轮泵、螺杆泵等)。

(3) 其他类型泵

其他类型泵是指除叶片泵和容积式泵以外的一些特殊泵,主要包括射流泵、气升泵、水锤泵等。这些泵的特点是其工作体为液体或气体,利用高速流动的流体来实现能量的转换,使被抽送液体的能量得以增加。

除上述对水泵的分类外,还有其他不同的分类方法。例如,按被抽液体所增加能量性质的不同进行分类,按水泵能量传递方式的不同进行分类,按水泵的用途不同进行分类,按所抽送液体性质不同进行分类,等等。

2. 水泵的组成

水泵是由许多零件组成的,主要有叶轮、泵壳、泵轴、泵座、轴封装置、减漏环、轴承座、联轴器、轴向力平衡装置等,如图6-2所示。

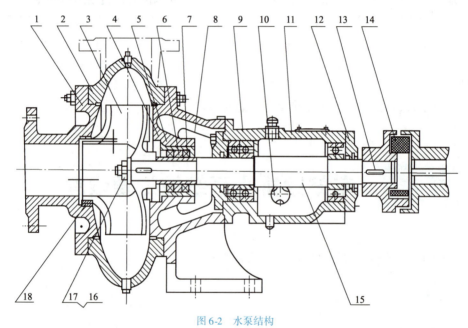

图6-2 水泵结构

1-泵盖;2-泵体;3-叶轮;4-轴封体;5-轴封盒;6-垫圈;7-轴套;8-分由封;9-轴承;10-分由标;11-轴承箱;12-轴承盖;13-平键;14-弹性圈;15-轴;16-螺母;17-垫圈;18-密封环

二、消火栓

消火栓是城市轨道交通消防供水的重要设备和消防安全的重要保障,一般可分为室内消火栓和室外消火栓两种。

室内消火栓是建筑物内的一种固定灭火供水设备。它包含区间消火栓及车站、控制中心和车辆段等建筑物的消火栓箱。室内消火栓和消火栓箱通常设于楼梯间、走廊和室内的墙壁。消火栓设备由水枪、水龙带和消火栓组成,均安装于消火栓箱内。消火栓箱是由箱体、室内消火栓、水龙带、水枪及电气设备等消防器材组成的箱状固定消防装置,如图6-3所示。

 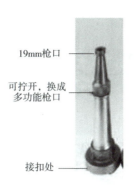 

图 6-3 水龙带、水枪、消火栓箱图示

室外消火栓也称为消火地栓,是城市轨道交通必备的消防供水设备,具有结构紧凑、使用方便、性能可靠、维护方便等优点。它与城市自来水管网相连接,既可供消防车取水,又可连接水带、水枪等直接出水灭火。室外消火栓有地上消火栓和地下消火栓两种。

消火栓系统与消火栓操作

1. 消火栓系统

城市自来水管内供水压力为 1~2kPa,而地下车站和区间隧道位于 6~30m 深处,经计算,自来水管内压力能满足消火栓出口压力,但考虑到有些车站从一路城市自来水管放水的可靠性,每座地下车站均应设一间消防增压泵房,内设 2 台消火栓泵,一用一备。

每座车站及相邻区间隧道的消火栓系统由消火栓泵、管道、若干消火栓箱组成。车站内每隔 45m 设置一只消火栓箱,箱高 1.8m、宽 1.2m。箱内配有双头双阀消火栓 1 只、水带 1~2 盘、多功能水枪 1 只、消防电话插孔和水泵启动按钮,箱门面板上还装有手拉报警装置。另外,箱内还放置 2 只干粉灭火器。车站站厅公共区的消火栓箱主要嵌设在两侧离壁式隔水墙预留孔内,个别嵌设在公共区两端分隔墙预留孔内。站台层的消火栓箱主要交叉嵌设在楼梯间隔墙预留孔内。

区间隧道内消火栓水源来自相邻两座车站,其消防水管与相邻车站管道贯通。隧道内每隔 45m 设置 1 只消火栓箱,箱高 0.9m、宽 1.2m。箱内配有双头阀消火栓、水带、水枪、消防电话插孔和水泵启动按钮。车站与区间隧道防火区域内任何一点着火,要求消火栓交汇水柱不得少于 4 股,每股水柱量为 5L/s。

2. 消火栓操作

第一步,先将水带抛出,如图 6-4 所示。

第二步,将水管与水龙头连接,如图 6-5 所示。

第三步,一边赶往现场,一边将水枪头与水带连接,如图 6-6 所示。

第四步,一人持水枪到现场,另一人开启水龙头,如图 6-7、图 6-8 所示。

图6-4　水带抛出图示

图6-5　水管与水龙头连接图示　　图6-6　水枪头与水带连接图示

图6-7　持水枪图示　　图6-8　开启水龙头图示

注意：

（1）注意火场与消火栓的距离，车站内消防水带和消防软管长度一般为 25m。

（2）使用消火栓（水）时注意着火物品是否带电，若属带电物品，必须先切断电源方可用水灭火。

（3）定期检查消火栓，确保消火栓水压正常，物品齐全。

单元6.5　车站给排水系统日常巡检及应急处理

一、给排水系统日常巡检

1. 水泵的日常巡检

水泵的日常巡检主要包括：

（1）检查水泵填料是否压得过紧，泵轴是否弯曲，轴承是否磨损；若填料压得过紧，应松开压盖；若泵轴弯曲、轴承磨损，应重新调整、更换泵轴和轴承；检查叶轮和减漏环是否完好；检查叶轮是否损坏或不平衡，是否需要清除叶轮内杂物或更换叶轮。

（2）检查水泵振动或噪声是否异常。

(3)检查地脚螺栓是否松动或减振器是否损坏失效。

(4)检查轴承发热情况。检查联轴器不同心或泵轴是否弯曲,是否应调整联轴器和更换泵承;检查轴承是否损坏,轴承座是否磨损,若有损坏及时更换;检查联轴器是否弯曲或联轴器安装时未找正,是否需更换泵轴或调整联轴器。

(5)检查油位是否在两油位线之间或油质是否干净,是否需加油或更换全部润滑油。

2. 阀门的日常巡检

阀门的日常巡检主要包括:

(1)观察安装位置、进出口是否正确。

(2)连接是否牢固、紧密。

(3)有无漏水现象。

(4)启闭是否灵活等。

3. 消防设备日常巡检

消防设备日常巡检主要包括:

(1)检查消防接合器的阀瓣处是否漏水;若发现漏水应更换阀瓣表面的密封片,若阀杆失灵必须更换阀杆及损坏的零件。

(2)检查湿式报警阀阀瓣关闭情况,清洁阀瓣,若发现零件损坏,及时更换。若发现阀瓣损坏、阀体开裂等其他无法修复的故障宜更新该湿式报警阀。湿式报警阀维修后,必须进行调试,信号管内不应有连续不间断的漏水现象。

(3)检查消防设备有无漏水现象,如发现漏水应及时修复;检查压力表是否已坏,压力表坏了应更换压力表,零件被损坏的均应更新配齐。

(4)消防设备(包括阀门、管道、水泵等)更换时,除按阀门、管道、水泵等的技术要求外,还应符合以下规定:

①室内消火栓栓口应朝外,启闭应灵活。

②消火栓门应锁得牢,打得开。

③湿式报警阀重新安装后应进行调试,检查其性能。湿式报警阀的信号管内无连续不间断的漏水现象存在。

④消火栓出水压力不得小于10m水柱,喷水系统末端放水的出水压力不应小于0.1MPa,消火栓、水喷淋各系统的联动试验应正常。

⑤消防供水为2路进水,且布置成环状,形成1+1互为冗余系统。

⑥钢管均应表面完好镀锌处理。

二、给排水系统应急处理

1. 特殊情况的应急处理

(1)发生误喷

①应立刻关闭湿式报警阀前的蝶阀。如果喷淋泵启动,则立即关闭喷淋泵再进行系统复位。

②误喷情况需汇报行车调度员和环控调度员。

③自动喷水灭火系统修复后,人工确认无误,可将系统恢复自动状态。

(2) 水压波动及超压时

①因供水水压波动引起误动时应立即停泵,并对系统进行放水卸压,待系统压力正常后,才能将系统恢复自动状态。

②当自动喷水灭火系统水压大于 0.6MPa,自动喷水灭火系统并未引起误动时,应对系统进行放水卸压,待系统压力正常后,将系统恢复自动状态。

2. 给排水设备故障的应急处理

(1) 消火栓系统管道跑水

①当跑水发生在区间隧道内管道中时:

a. 应立即关闭该隧道两端头的消火栓供水阀门,切断水源。

b. 查明情况后上报调度,执行调度命令。

c. 专业人员进入故障点查明原因,关闭跑水点两端的供水阀门,打开其余的被关闭阀门。

d. 检查管道损坏情况,采用快速堵漏装置或其他方法修复管道,恢复消防供水。

②当跑水发生在车站时:

a. 关闭跑水点两端的阀门,切断水源。

b. 必要时切断本车站的消火栓系统管网水源。

c. 操作时应关闭以下阀门:关闭消防泵房内 2 台消火栓增压水泵的出水口阀门(即可切断市政自来水管的供水),关闭站间 4 个区间隧道内消火栓管道的阀门(即可切断车站与区间隧道内消火栓管道的水流)。

d. 查明跑水原因,除跑水点两端的阀门外,打开其余的被关闭阀门。

e. 修复管道,恢复供水。

f. 城市轨道交通地面车站和高架车站,由于各站之间的消火栓系统是不连通的,此时只需切断市政自来水管对车站的消防供水即可。

(2) 自动喷水灭火系统供水管道跑水

①立即关闭车站内湿式报警阀的供水阀门,必要时可关闭自动喷水灭火系统的 2 台增压水泵出水口阀门;将自动喷水灭火系统增压水泵设置于手动位置。

②查明跑水原因,修复设备,恢复供水。

③自动喷水灭火系统恢复供水后应进行系统调试,以防自动喷水灭火系统误动作,影响城市轨道交通的正常运营。

(3) 市政自来水管网供水水源中断

①城市轨道交通的自动喷水灭火系统设备已投入自动运行状态。

②当发现消防供水中断或需要切断消防供水时,为防止自动喷水灭火系统误动作,应将增压泵置于手动位置。

③待市政供水恢复后,确认无误后方可调回自动模式。

(4) 车站自动喷水灭火系统玻璃球洒水喷头发生误喷或管道发生漏水

①紧急关停自动喷水灭火系统水泵,就地控制箱转换开关设置为"就地"位。

②立即关闭车站内报警阀的供水阀门,必要时可关闭自动喷水灭火系统的 2 台增压水泵出水口阀门。

③打开自动喷水灭火系统的卸水阀门和末端试验放水阀放水。

④组织抢修,及时修复设备。

⑤完整、真实地记录事件过程。

(5)排水泵故障,不能排水

①当常用与备用排水泵均故障,一时无法修复并且集水池水位已处于高水位情况下,值班人员应立即投入应急排水泵,从泵站排水管的应急排水接口排水,无应急排水接口装置的泵站,用塑料排水带排水,随后交由赶来的检修队员抢修设备。

②投入应急排水泵的数量根据实际情况,参照排水泵的流量、扬程确定。

③抢修人员应集中力量先修复一台排水泵投入运行。

(6)排水泵排水管道止回阀故障

①立即启泵排水至低水位,然后关闭排水管道阀门和停泵。

②在故障未排除前,运行操作人员必须手控排水。将排水泵启动后,立即打开排水阀门,排水至低水位后关闭阀门停泵。

③更换或修复止回阀。

(7)雨水进入车站且超越车站排水能力时采取的措施

①投入应急排水泵排水,将积水排出车站。

②立即向上级汇报,组织更多人力及排水设备将积水排出车站。

典型案例

案例1:2010年某市城市轨道交通3号线某车站站厅消防管上的波纹补偿管爆裂,造成站厅大面积积水。

处理经过:

(1)关闭车站两路消防总进水阀门,即可切断市政自来水管网进入车站的消防水。

(2)关闭通往相邻车站上、下行区间的联络阀门,切断通往相邻车站的消防水。

(3)打开站台消火栓(由于站台消火栓处于车站消防管网最低点,此时打开消火栓即可对管网进行泄压,需注意泄压用的消火栓应避免采用公共区域内的,以免造成站台大面积积水)。

(4)更换爆裂波纹补偿管,并确认无漏水、无渗水现象。

(5)打开车站两路消防总进水阀门及通往相邻车站上、下行区间的联络阀门。

(6)完成相关故障报备与登记。

防范措施:

(1)加强对事故区域水管的监控与巡检。

(2)测试事故区域水管的压强承受力。

案例2:在2021年7月30日12时46分,由于突降暴雨,广州地铁21号线神舟路站在建工地因地势较低,排水不畅,积水不断升高后,先是漫过Ⅳ号出入口挡水墙较低位置,后挡水墙被积水冲垮,部分墙体坠落到出入口洞底,地面积水下泄到基坑形成流水,流水越过基坑与地铁站之间的隔离墙,夹带黄泥涌入车站。施工项目部发现挡水墙垮塌后,立即安排两台挖机、应急物资,组织人员在Ⅳ号出入口堆码土袋进行封堵及基坑抽水。12时52分,神舟路站站务人员发现4号在建预留出入口处玻璃幕墙有水渗出流到地面,立即组织查找水源,组织保洁、安检等人员搬运沙包围堵。12时56分,车站立即启动应急预案,疏散乘客,关停设备,上报地铁运营控制中心并通知相关防汛联动单位。

事实上,本起事故发生之前已有预警:2021年6月28日,因暴雨三级响应,广州科学城排水管理有限公司巡查该项目附近发现存在积水情况。

这起事故的发生提醒我们,在地铁车站给排水系统的设计和建设中,应充分考虑自然灾害的影响,采取有效的防护措施,确保系统的安全和可靠。同时,对于已经投入使用的给排水系统,应加强维护和检修,及时发现和处理问题,避免类似事故的发生。

【典型任务6-1】 车站给排水系统应急处理

1. 任务描述

(1) 掌握车站给排水设备的基本操作步骤。

(2) 掌握车站给排水系统设备故障的应急处理程序。

2. 任务实施

(1) 将授课班级学生分组,每5~8人为一个学习小组。

(2) 根据教师设定的车站给排水设备操作项目,通过实地调研或网络查阅,总结各项目的操作步骤和注意事项,汇总在本教材附表6-1"典型任务实训工单"的表A中。

(3) 根据教师设置的不同类型的车站给排水系统设备故障现象,通过实地调研或网络查阅,总结各故障现象的应急处理流程,汇总在本教材附表6-1"典型任务实训工单"的表B中。

复习思考题

一、选择题

1. 城市轨道交通的生产、生活及消防水源取自( )。
   A. 雨水 B. 河水、湖水
   C. 地下水源 D. 城市自来水供水管网

2. 城市轨道交通消防给水系统从城市自来水管网中的( )条不同干管引入。
   A. 1 B. 2 C. 3 D. 4

3. 城市轨道交通地下车站及区间隧道的消防给水系统为( )形状的管网。
   A. 星状 B. 辐射状
   C. 线状 D. 环状

4. 城市轨道交通地下车站的排水种类有( )。
   A. 污水 B. 废水 C. 雨水 D. 湖水

5. 城市轨道交通车站给排水设备操作的注意事项包括( )。

　　A. 加强对运行中的设备的监视　　　　B. 发现故障,若自行不能排除,应事后报告

　　C. 认真做好设备运行操作记录　　　　D. 发现故障,若自行不能排除,应立即报告

二、判断题

1. 城市轨道交通车站的机械排水包括车站废水排水、区间隧道排水、车站污水排水、车站出入口排水和风井部位排水等5个独立排水方式。（　　）

2. 为保证消防用水压力,车站内设置消防泵房,直接由市政自来水管网抽水加压,不设水池。（　　）

3. 消火栓出水压力不得大于10m水柱。（　　）

4. 当雨水进入车站且超越车站排水能力时,应立即向上级汇报,组织更多人力及排水设备将积水排出车站。（　　）

三、简答题

1. 简述车站给排水系统的组成及分类。

2. 简述车站给排水系统的主要设备。

3. 试述车站给排水系统日常巡检。

4. 怎样处理车站给排水系统的应急情况?

模块 7
车站暖通空调系统

教学目标

1. 掌握车站暖通空调系统的分类与组成。
2. 掌握车站空调水系统的运行原理。
3. 掌握车站暖通空调系统的控制方式。
4. 能识别车站暖通空调系统的常见设备。
5. 能分析特殊情况下暖通空调系统设备的运行。

建议学时

8 学时

单元 7.1 车站暖通空调系统概述

城市轨道交通暖通空调系统是指对车站站厅、站台、隧道、设备及管理用房等场所的环境进行空气处理的系统,主要是调节指定区域内的空气温度、湿度、空气流速和空气品质等主要因素,以此来营造一个适用于城市轨道交通设备正常运转、人员安全舒适的人工环境。

一、车站暖通空调系统的功能

城市轨道交通地下环境由于其特殊性,具有以下特点:

(1)城市轨道交通的车站和区间隧道除出入口(地面线和高架线除外)等极少部位与外界相连通外,基本上与外界隔绝,受外界气象条件的影响较小,长年不见阳光,通风条件差,粉尘多,人员密集,只有人工气候才能保证优质的环境。

(2)列车、车站内各种设备的运行和乘客都将释放大量的热,如不及时排除,将使车站和区间温度上升。同时,随着客流量的不同,内热源强度也随之变化,环境调控难度较大。

(3)列车运行引起的活塞风是隧道内通风换气的主要动力,但是,这种活塞风的局部与瞬间空气流速较大,又会干扰车站气流组织,易使乘客感觉不适。

(4)当发生事故时,尤其是发生火灾事故时,将导致环境恶化,不易救援。

面对地下车站如此复杂的环境特点,暖通空调系统的重要性不言而喻,其具体的功能如下:

(1)在列车正常运行时,排除余热余湿,提供人员所需要的新风量,为乘客和工作人员提供一个适宜的人工环境,满足站内各种设备正常运转所需要的温度、湿度要求。

(2)当列车阻塞在区间隧道时,向阻塞区间提供一定的通风量,保证列车空调等设备正常工作,维持车厢内乘客在短时间内能接受的环境条件。

(3)当发生火灾事故时,提供迅速、有效的排烟手段,为乘客和消防人员提供充足的新鲜空气,并形成一定的迎面风速,引导乘客安全、迅速撤离。

知识链接

车站暖通空调系统的设计目标如下:

(1)站厅温度比室外空气计算温度低2~3℃且不高于30℃,相对湿度为45%~65%。

(2)站台温度比站厅低1~2℃,相对湿度为45%~65%。

(3)区间隧道夏季温度不高于40℃。

二、车站暖通空调系统的分类

随着工程技术和科技手段的不断提高,城市轨道交通车站暖通空调系统也出现不同的类型,一般分为开式系统、闭式系统和站台门式系统3种。

1. 开式系统

早期的城市轨道交通车站规模小、自动化程度低,一般采用开式通风系统,而且区间和城市轨道交通车站之间往往没有相应的机械通风系统。这种开式系统是应用机械或"活塞效应"的方法使城市轨道交通内部与外界交换空气,进而利用外界空气冷却车站和隧道。随着人们生活水平的提高及科学技术尤其是自动化技术的提升,单纯的活塞通风技术已经不适应当前空调通风的要求,逐渐要求设置机械通风。在车站的两端设置风机,在正常运行情况下对车站进行通风置换;在特殊情况下,对空气调节进行应急预案和紧急处置。机械通风可以满足不同状况和不同通风置换的需要,使得通风系统的运行不留死角,但是机械通风系统需要进行风道的建设,因此土建的成本比较高。

知识链接

1. 活塞效应通风

当列车的正面和隧道的断面面积之比大于0.4时,由于列车在隧道中高速行驶,如同活塞作用,使列车正面的空气受压,形成正压,列车后面的空气稀薄,形成负压,由此产生空气流动,利用这种原理通风,称为活塞效应通风。

活塞效应通风主要利用在隧道顶上设风井,这种设计效果较好,但是设置许多活塞风井在大多数城市很难实现,因此完全"活塞通风系统"应用日益减少,多与机械通风协作形成联合系统。

2. 机械通风

当活塞效应通风不能满足城市轨道交通释放余热与余温的要求时,要使用机械通风系统。一般情况下,可在车站两端与区间隧道分别设置通风装置,建立独立的通风系统。车站通风一般为横向的送排风系统,而区间隧道一般为纵向的送排风系统。这些系统应同时具备排烟功能,当区间隧道较长时,宜在区间隧道中部设中间风井。

如果把车站和隧道比喻成一个"大厨房",全活塞效应通风系统只是在这个"大厨房"的顶端加了大量的"窗户"或"烟囱"完成"油烟"的排出,而机械通风则是在"烟囱"部分装有专业的"抽烟机",以保证快速换气。显而易见,对于车站暖通空调系统来讲,没有了"抽烟机"是无法完成快速换气的。

2. 闭式系统

20世纪70年代以来,随着科学技术的发展和人们生活水平的逐渐提高,城市轨道交通通风空调系统引入了空调制冷模式。闭式系统是一种常见的系统,这种系统主要有两种实现的途径:一种途径是集成模式,即沿用传统的开放式风道系统,在排风道加入一个空气处理设备,也就是表冷器和过滤器,这种模式不需要专门的空调机房,所有的设备都设计在风道里;另一种途径是常规模式,常规模式套用地面建筑空调设计原理,将城市轨道交通车站和区间环控制系统进行分割,区间采用的是机械通风系统,而城市轨道交通车站采用的是空调系统,这样就会使得降温和保温设计得到更大的优化。

3. 站台门式系统

在车站的站台与行车隧道间安装站台门,将其分隔开,车站内安装空调系统及隧道用通风系统。车站被分为独立的车站空调系统和隧道通风系统两个系统。

安装站台门后,车站基本不受区间隧道行车活塞风的影响,车站的空调冷负荷只需计算车站本身设备,乘客、广告、照明等发热体的散热及区间隧道与车站间通过站台门的传热以及站台门开启时的对流换热。此时站台门式系统的车站空调冷负荷仅为闭式系统的22%~28%,且减少了行车噪声对车站的干扰,既使车站环境较安静、舒适,又使旅客更为安全。

区间活塞风对于城市轨道交通区间温度和湿度有影响,能有效地降低空调的冷负荷,对于空调系统的运转还是比较有利的。但是站台门式系统将空调通风系统中车站和隧道、站台之间进行人为的区隔,使得系统不能利用自然通风,只能使用机械通风。

以上3种系统各有优缺点,其特点对比见表7-1。

三种系统的特点对比　　　　　　　　　　　表 7-1

类型	描述	优点	缺点	应用程度
开式系统	活塞作用或者机械通风,通过风井使地下空间与外界通风换气	系统简单,设备少,便于控制,能耗低。适用于当地最热月份的平均温度高于25℃且运量较大的轨道交通	标准低,无法有效控制站内环境,无火灾工况(火灾时无法联动排烟)	早期有所应用,尤其是地面线
闭式系统	有隧道通风设备,隧道风运行可以根据室外气候变化调节,通过风阀可以操作打开或关闭;车站系统可以与隧道相连通	站内采用空调系统,区间隧道借助"活塞效应";通过"活塞效应"将车站的空气引入区间隧道内降低温度。区间隧道内的空气温度较同样运行条件下的站台门系统低;站台视野开阔	车站的温度场、速度场无法保持稳定,车站空气品质难控制;当乘客因意外或特殊情况跌入轨道时将对正常运营产生严重影响;空调系统投资和运行成本高;通风空调系统机房大;土建投资大	无站台门的车站多采用此种系统,应用较广
站台门式系统	在闭式系统基础上,使用站台门将车站与隧道区域隔离	分成独立的车站空调系统和隧道通风系统两个系统,提高安全性;降低"活塞效应"对车站的影响,减少车站与隧道的空气对流,减少车站冷负荷的损失,提高车站空气洁净度、降低列车进站带来的噪声	增加初投资和运营费用;增加与有关专业的接口关系;"活塞效应"将区间隧道的热空气排至外界,引入室外的新风冷却隧道;高温季节很难控制隧道内的温度	应用越来越广泛,新建城市轨道交通多应用此系统

单元 7.2　车站暖通空调系统的组成

目前,我国的车站暖通空调系统一般采用站台门系统或闭式系统。站台门系统将车站暖通空调分成两个独立系统,分别为车站空调系统与隧道通风系统。城市轨道交通车站暖通空调系统的组成构架如图 7-1 所示。

车站暖通空调系统主要由以下 4 部分组成:

(1)车站大系统:车站公共区部分(站厅、站台、人行通道)的空调、通风(兼排烟)系统。

(2)车站小系统:车站管理用房及设备用房的空调、通风(兼排烟)系统。

(3)隧道通风系统:区间隧道机械通风(兼排烟)及活塞风系统。

(4)车站空调水系统:车站制冷供冷系统。

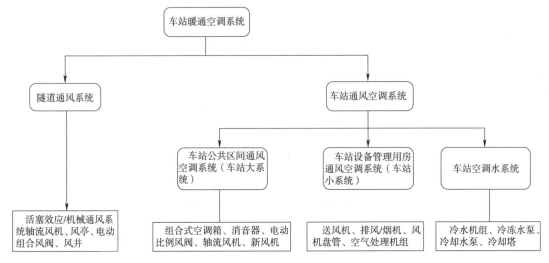

图 7-1　城市轨道交通车站暖通空调系统的组成构架

一、车站大系统

车站大系统主要由分设于车站两端的站厅全新风机、站台全新风机、站厅空调新风机、站台空调新风机、站厅回风/排烟风机、站台回风/排烟风机、站厅组合式空调机组及相应的各种风阀、防火阀等设备组成。其作用是通过空调或机械通风来排出车站公共区的余热、余湿，为乘客提供一个舒适的乘车环境，并在发生火灾时通过机械排风进行排烟，便于乘客撤离和消防人员灭火。

车站大系统的主要设备一般集中、对称地分布在车站站厅两端的环控机房内，机房内一般分别设置两台组合式空调机组，两台机组对应回风/排烟风机和排烟机，设置多台新风机以及各种风阀。这些设备通过风道与车站连接，将风送进、送出。

车站大系统在事故中的作用

当列车因事故阻塞在区间隧道内时，车站空调、通风系统应正常运行。当推力风机需运转时，车站按全新风空调模式通风运行。运行推力风机端的站台回/排风机停止运行，使车站的冷风经推力风机送至列车阻塞的隧道内。

当车站站台（包括列车）发生火灾时，除车站的站台回/排风机运转向地面排烟外，其他车站大系统的设备均停止运行，使站台到站厅的上、下通道间形成一个不低于1.5m/s 的向下气流，以利于乘客迎着气流撤向站厅和地面；当车站站厅发生火灾时，站厅回/排风机全部启动排烟，车站大系统的其他设备均停止运行，使得出入口通道形成由地面至车站的向下气流，以利于乘客迎着气流撤向地面。

疑点解答

为何暖通空调设备安置于环控机房中？

环控系统是一个庞大的、综合性的城市轨道交通环境与设备监控系统,既包括对风、水等的环境控制,也包括整个车站机电设备的监视与控制。从某种角度来说,暖通空调系统是环境与设备监控系统的重要组成部分。本书模块9会详述环境与设备监控系统,请同学们注意区分和联系。

北京地铁1号线中,车站风道分别布置于车站两端,风道分上、下两层,分主风道和局部风道。主风道向公共区域通风,局部风道向设备管理用房通风。上层风道为送风道,有主送风道和局部送风道,下层风道为排风道。风道通过竖井将地面的新风引入,将车站空气排出,地面设有风亭。

主风道在站端与铁皮风管连接,延伸至车站站台、站厅,开设风口,实现车站的送排风;站台板下有砖砌的结构风道,与站端的立装主排风管相接,设排风口,主要将列车制动粉尘带走。

一般城市轨道交通车站在站厅顶棚均铺设进风、送风风道;站台层除在顶棚铺设风道外,还在站台板下铺设风道。图7-2为深圳2号线国贸站地铁车站大系统示意图。

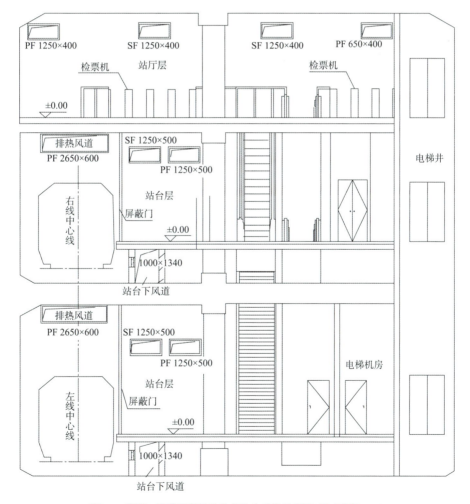

图7-2 深圳2号线国贸站地铁车站大系统示意图(尺寸单位:mm)

车站大系统的基本原理图如图 7-3 所示,与外界接通的新风机提供的新风(上送与站台站厅的回风/排烟风机提供的回/排风经过混合风室的混合输送给组合式空调机组)经过过滤、湿度调节、冷却、风力调节降风压后送到站台或站厅,以满足对城市轨道交通环境的要求。车站大系统的设备原理根据不同车站的规模,各风机及空调机组的数量和安排方式虽略有不同,但基本原理相同。

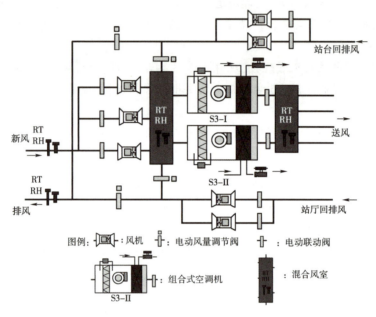

图 7-3　车站大系统原理图

 知识链接

混合风室可以根据环境的不同需要进行有效调节。例如,当发生火灾时,只接收新风,不接收回风,并且全面排风、排烟。

想一想

1. 在什么季节或情况下,应更多地接收新风?
2. 在什么季节或情况下,应更多地接收回风?
3. 接收新风多和接收回风多分别有什么特点?

当火灾发生时,最重要的是及时排烟,此时车站大系统要进入排烟模式。其具体的操作及原理如下:

当站台层发生火灾时,停止车站冷水系统,控制风管相关风阀的开、闭,向站厅层送风,停止向站台层送风,站台层进入排烟状态(高速排烟),使得站台层对站厅层形成负气压,阻止烟雾向站厅层蔓延,并形成楼梯或自动扶梯通道的逃生气流通道。站台火灾排烟示意图如图 7-4 所示。

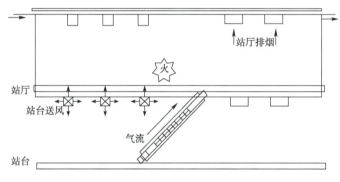

图 7-4　站台火灾排烟示意图

想一想

假如是站厅层发生火灾,应该如何控制各风机的回/排风?

当站厅层发生火灾时,停止车站冷水系统,控制风管的相关风阀的开闭,向站台层送风,停止向站厅层送风,站厅层进入排烟状态,使得站厅层对地面、站台层形成负气压,阻止烟雾向站台层蔓延,形成地面楼梯通道的逃生气流通道。站厅层火灾排烟示意图如图 7-5 所示。

图 7-5　站厅层火灾排烟示意图

二、车站小系统

车站小系统主要包括为车站的设备及管理用房服务的轴流风机、离心风机、柜式、吊挂式空调机组及各种风阀,其作用是通过对各设备用房的温度、湿度等环境条件的控制,为管理人员和工作人员提供一个舒适的工作环境,为各种设备提供正常运行的环境。在火灾发生时,可通过机械排风方式进行排烟,以利于工作人员撤离和消防人员灭火。在装有气体灭火系统的用房内关闭送、排风管,进行密闭灭火。车站小系统原理图如图 7-6 所示。

车站小系统与家庭或办公用空调系统较为相似,在此不做深入探讨。

三、隧道通风系统

隧道通风系统分为区间隧道机械通风系统(兼排烟)和车站隧道通风系统两个部分,其示意图如图 7-7 所示。其中,区间隧道机械通风系统的主要设备有隧道风机(TVF 风机)、推力风机、射流风机及相关电动风阀,车站隧道通风系统的主要设备有轨道排风机、电动风阀和防火阀。隧道通风系统的作用是通过机械送、排风或列车活塞风作用排出区间隧道内余热、余温,保证列车和隧道内设备的正常运行。

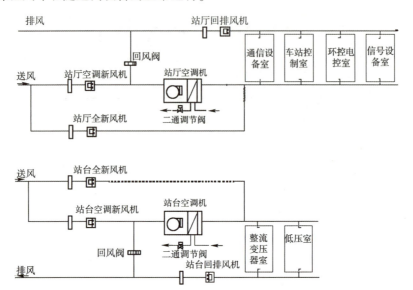

图 7-6 车站小系统原理图

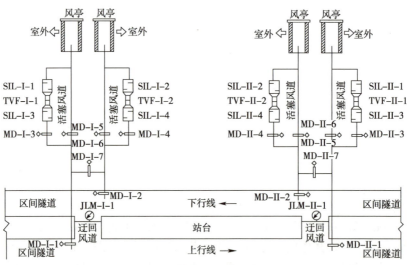

图 7-7 隧道通风系统示意图

在不同的情形下,隧道通风系统需通过调节各设备实现不同的功能。

工况 1:在每天清晨运营前半小时打开隧道风机,进行冷却,既能利用早晨外界清新的冷空气对城市轨道交通进行换气和冷却,又能检查设备并及时维修,确保在事故时能投入使用。

工况 2:在列车由于各种原因停留在区间隧道内、乘客滞留在列车中时,顺列车运行方向进行送、排机械通风,冷却列车空调冷凝器等,使车内乘客仍有舒适的旅行环境。图 7-8 为列车阻塞或火灾时隧道内的送、排风图。

图 7-8 列车阻塞或火灾时隧道内的送、排风图

工况 3：当发生火灾的列车无法行驶到车站而被迫停在隧道内时，应立即启动风机进行排烟降温；隧道一端的隧道风机向火灾地点输送新鲜空气，另一端的隧道风机从隧道排烟，以引导乘客逆着气流方向撤离事故现场，消防人员顺着气流方向进行火灾扑灭和抢救工作。

总结之前所说隧道通风系统及车站大系统的通风原理，见表 7-2。

空调通风系统不同状态的设备通风方式表　　　　　表 7-2

运行状态	站台层	站厅层	隧道通风
正常运行条件下	上送上回与下回相结合	上送上回	正常回/排风
当列车阻塞区间隧道时	推力风机运行，全新风空调通风	上送上回	推力风机送至隧道内
当站厅发生火灾时	送新风	全面排烟	排烟
当站台或列车发生火灾时	排风、烟机排烟，车站大系统设备停运	站厅全面送新风	排烟

知识链接

隧道通风系统在事故中的作用

当列车由于各种原因停留在区间隧道内而乘客不能下列车时，应顺列车运行方向进行送/排机械通风、冷却列车空调冷凝器等，使车内乘客拥有舒适的乘车环境；当列车发生火灾时，应尽一切努力使列车运行到车站站台范围内，以利于人员疏散和灭火排烟；当列车发生火灾无法行驶到车站而被迫停在隧道内时，应立即启动风机进行排烟降温（隧道一端的隧道风机向火灾地点输送新鲜空气，另一端的隧道风机从隧道排烟），引导乘客迎着气流方向撤离事故现场，消防人员顺着气流方向进行灭火和抢救工作。

四、车站空调水系统

车站空调水系统的作用是为车站内空调系统制造冷源并将其供给车站大系统、车站小系统，同时将热量通过冷却水系统送出车站。车站空调水系统主要由冷水机组、水泵、冷却塔、组合式空调机组、风机盘管、水阀与管路等设备组成。车站空调水系统可分为冷冻水系统和冷却水系统两大系统，其冷冻水的生产在冷冻站中完成。

1. 空调水系统的组成

（1）空调冷冻水系统：由车站冷冻站为车站大系统和车站小系统提供循环冷冻水，冷冻水系统的水量随负荷的变化而变化,为避免能源浪费或不足,多用变水量系统,可在需要时及时补充或减少冷冻水量。

(2)空调冷却水系统:主要设备为冷却塔和冷却水泵,其中冷却塔就近设置在室外通风良好处,便于及时冷却已被加热的空调水,循环冷却水通过冷却塔进行降温处理,用于冷却冷水机组冷凝器和压缩机,水质不受污染。冷冻水与冷却水系统结合完成了一个制冷循环,从而实现制冷,空调水的制冷将在下文的运行原理中具体阐述。

2. 空调水系统的运行原理

空调制冷是指通过制冷剂的状态变化(气态→液态,放热;液态→气态,吸热)将一个地方(蒸发器周围)的热量带到另一个地方(冷凝器周围)。其中有4个必要组成部分,分别是压缩机、冷凝器、节流(膨胀)装置、蒸发器。具体来说,气态的制冷剂先经过压缩机的高压压缩,再经过冷凝器的冷凝彻底转变为液态的制冷剂,在此过程中释放能量;再经由膨胀阀的降压和蒸发器的热量吸收转变为气态的制冷剂,在此过程中吸收外界的能量。图7-9为空调制冷循环简易原理图。

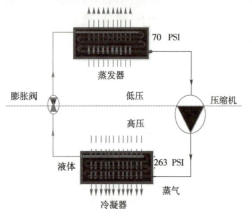

图7-9 空调制冷循环简易原理图

将以上原理应用到城市轨道交通空调水系统中,即可实现空调水制冷。图7-10为空调水系统对设备或管理工作房冷冻水供应原理图,图中左侧浅灰色水为冷冻水,右侧深灰色水为冷却水。

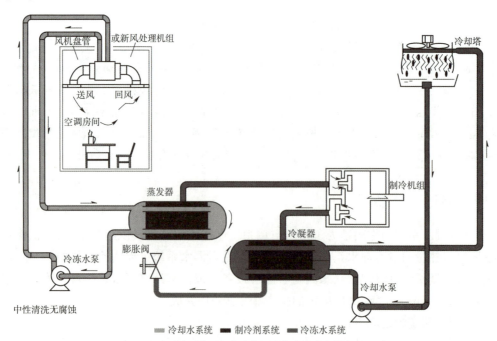

图7-10 空调水系统对设备或管理工作房冷冻水供应原理图

具体过程如下：

第一步，气态的制冷剂经压缩机加压后到冷凝器进行放热冷凝，将热量释放给冷却水，从而变为液态的制冷剂。

第二步，液态的制冷剂经膨胀阀减压后到蒸发器当中吸收冷冻水的热量，从而变为气态的制冷剂。

以上两个步骤循环构成制冷循环。

在此过程中，冷却水吸收了制冷剂的热量，失去冷却的功能后，被抽到车站上方的冷却塔中进行冷却，冷却完成后循环工作；冷冻水的热量被制冷剂吸走变成有制冷效果的水，送到组合式空调机组以及风机盘管等设备内部，以冷却混合风，送到站台、站厅及设备用房。

注意：不同城市不同车站的空调水系统中的冷冻水生产有所不同，如深圳、香港等城市地铁采用了集中制冷系统，即 2~3 个车站（3km 内）共用一个冷冻水集中生产处，经过远距离传输到达各车站完成制冷。

车站水系统在事故中的作用

当发生区间隧道堵塞事故时，车站水系统按当时正常的运行工况继续运行。当站厅层、站台层公共区域或区间隧道发生火灾时，关闭作为车站大系统冷源的那部分车站水系统，只运行与车站小系统有关的部分；当车站小系统设备用房发生火灾时，车站水系统全部停止运行。

单元 7.3 车站暖通空调系统控制

正常条件下，暖通空调设备可通过就地级、车站级、中央级三级进行控制和自动控制系统进行监控，实现设备集中监控和科学管理，提高综合自动化精度；通过运行不同模式，满足不同场合对设备的运行要求，做到安全、合理。

一、中央级控制

中央级控制装置设在控制中心，配置有中央级工作站、全线隧道通风系统及车站暖通空调系统中央模拟显示屏，控制中心工作站可对隧道通风系统进行监控，执行隧道通风系统预定的运行模式或向车站大系统、车站小系统和车站空调水系统下达各种模式指令，主要功能如下：

（1）可实现对全线通风空调系统、冷水机系统、隧道通风系统的监视与控制。

（2）能自动显示并记录全线通风空调设备的运行状况和设备累积运行时间。

（3）能实时反映车站温度、湿度等数据。

(4)通过自动控制系统与火灾自动报警系统在中央级的接口,能接收报警信息并触发暖通空调系统的灾害模式,命令暖通空调设备按灾害模式运行。

(5)通过自动控制系统与信号系统的接口,接收区间堵车信息,并对相应区间运行强制通风模式。

二、车站级控制

车站级控制装置设在各车站综控室,配置车站级工作站和综合后备盘。车站级控制装置可以向中央级控制工作站传达本站设备信息,并执行中央级控制下达的各项运行指令。在中央级控制工作站的授权下,车站级工作站可以作为本车站的消防指挥中心。当车站级工作站出现故障时,综合后备盘可以执行中央级工作站下达的所有防灾模式指令。其具体功能如下:

(1)在正常情况下可监视和控制本站的隧道通风系统、车站大系统、车站小系统及空调水系统。

(2)能使本站暖通空调设备按预定的模式运行,根据负荷变化,自动确定优化、节能模式并运行。

(3)当发生火灾时,可接收报警信息,并通过自动控制系统实现车站进入灾害模式,控制暖通空调设备按灾害模式运行。

图7-11为北京地铁4号线某站的综合后备盘,当发生特殊情况时,用钥匙将左下角钥匙孔由"自动"位旋转至"手动"位,可以对隧道进行紧急送风、排风操作。当列车阻塞时,按动黄色的【阻塞模式】按钮进入阻塞模式,对站台层、站厅层的设备用房进行紧急排风与喷洒等作业。

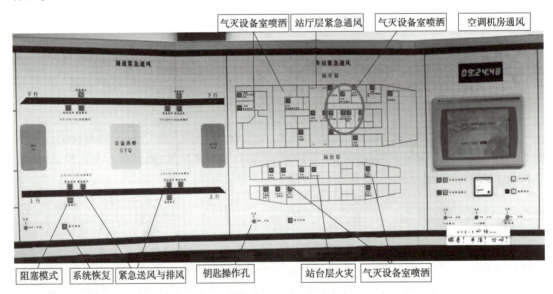

图7-11 北京地铁4号线某站综合后备盘的紧急通风展示

站台、站厅的不同通道设有【紧急通风】按钮,待操作完毕,按动【系统恢复】按钮,并将钥匙调至"自动"状态即可。版面所限,部分设备图中未被标出,多为装有气体灭火剂的设备用房,这些位置在发生火灾时不能进行排烟等操作,并且需要完成气体灭火剂的喷洒以达到灭火效果。

另外,从图 7-11 中可以清晰地看到空调机房的位置在站厅层一侧。

除以上描述之外,综控室内会有操作较为频繁的就地控制箱,便于风量的快速调节。图 7-12 为某地铁车站综控室内的风阀就地控制箱。

在图 7-12 中,第一排指示灯分别表示运行指示、停止指示、故障指示。正常运行时亮红灯,停止时亮绿灯,故障时亮黄灯。第二排第一个按钮为启动按钮(绿色);第二个按钮为停止按钮(红色);第三个按钮为旋钮,有三挡,分别是就地、停止和远控。正常运行时,此挡位应处于远控,由系统统一控挡,当检修或特殊情况下可以调至就地挡,可在设备用房进行控制。

图 7-12　某地铁车站综控室内的风阀就地控制箱

三、就地级控制

就地级控制设置在各车站的环控电控室,具有对单台暖通空调设备就地控制的功能。为便于各种设备调试、检查和维修,单台暖通空调设备同时设有就地控制箱。如图 7-13 ~ 图 7-15 所示。

图 7-13　深圳购物公园站环控设备用房就地控制箱及风管图示

 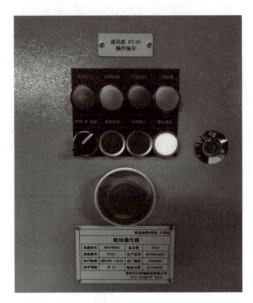

图7-14 某站暖通空调设备用房回/排风机就地控制盘图示　　图7-15 某站暖通空调设备用房送风机就地控制盘图示

图7-13～图7-15为不同设备的就地控制盘,组合式空调机组就地控制盘各按钮分别具有各自的功能,如右门开、左侧电机关等。指示明确,维修人员可以进行简单操作后实现设备的维护和检修操作。

以上3种控制方式中,就地级控制的优先级别最高。

单元7.4　车站暖通空调系统的设备介绍

城市轨道交通车站暖通空调系统是一个拥有大量设备的系统,各个设备分别起着各自的作用,共同实现暖通空调系统的功能。接下来,我们会介绍相关的系统设备,在此只介绍相对重要的设备,要求同学们能够识别较为重要的设备,并对组合式空调箱的内部结构有一定程度的掌握。其中,风道与风机主要是通风类设备,而其他设备主要是空调制冷设备。

一、风道

风道是车站暖通空调系统中联通各个部分的重要构件,一般情况下,风道的一端连接着风阀风机,另一端连接风口,将合适的风送到或排除。风道一般由金属薄板、非金属薄板或其他材料制作而成,用于空气流通的管道。风道示意图如图7-16所示。

1. 风道的形式

一般城市轨道交通车站的风道结构主要分为以下4类:

（1）风道主副双风道基本对称形式。例如，北京地铁 2 号线从长椿街到北京站 6 个车站、北京地铁 1 号线从南礼士路到古城 10 个车站的风道均是采用这种形式。

（2）风道主副双风道非对称形式。例如，北京地铁 2 号线车公庄、阜成门等车站均是采用这种形式。

（3）风道上下双层风道形式。例如，北京地铁 2 号线东直门、雍和宫等车站采用此种形式。

（4）四风机三风道形式。例如，北京地铁 2 号线西直门等 4 个车站是采用这种形式。

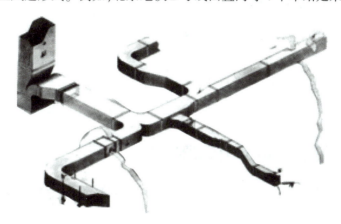

图 7-16　风道示意图

地铁区间的风道结构可以近似地分为以下 3 类：

（1）圆弧风道，即主副风道在水平方向上呈大弯道结构，且两者之间有工作通道，如北京地铁 2 号线车公庄至阜成门区间、建国门至朝阳门区间等。

（2）直线风道，即主副风道在水平方向上没有弯道，如北京地铁 2 号线北京站区间等。

（3）风道直角带突缩口，即主副风道在水平方向上设有弯道，但在与隧道的交接口处，主副风道汇合成一个突缩口。

2. 风道其他部件

风道部件指通风、空调风道系统中的各类风口、阀门、排气罩、风帽、检查门和测定孔等。图 7-17 为不同的风管配件和部件图。

城市轨道交通采用的消声器一般设计安装在通风机的送风口和排风口。一般采用吸声式消声器，当声波通过消声器时，能被吸收，起到降低噪声的作用。

二、风机设备

风机是用于输送气体的机械，从能量观念的角度来说，它是把机械能转变为气体能量的一种机械。在城市轨道交通车站中，大部分房间采用机械进风、排风，而机械排风则需要通过通风机来完成。在车站房间的墙上设有小轴流风机和离心风机；厕所均采用自然进风、机械排风。下面介绍两种最为常用的风机，即离心风机与轴流风机。

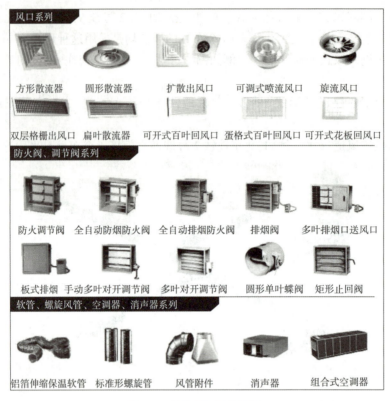

图 7-17　风管配件和部件图示

1. 离心风机

离心风机主要安装在一些车站环控机房内,用于为城市轨道交通厕所及房间换气,为区间通风。

离心风机的原理:已知气体在通风机中的流向先为轴向,当通过旋转叶轮时,在叶轮的作用下,气体获得能量,则气体压力提高,输送到高处和远处。离心风机结构图如图 7-18 所示。

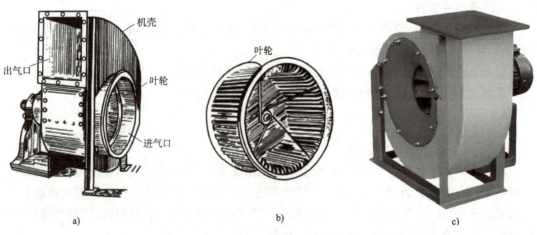

图 7-18　离心风机结构图

2. 轴流风机

城市轨道交通的排、送风主要依靠轴流风机,它分布在城市轨道交通的各个车站及区间。轴流风机的主要特点是风量大,压力低。与离心风机不同,轴流风机的气体只沿着轴向流动,且风压在4900Pa以下为轴流风机。

轴流风机工作原理:空气从吸风口进入,在叶轮的作用下沿轴向将风送出。其叶轮直径为100~20000mm,使用广泛。当转速高时,轴流风机的噪声比离心风机的高,但是使用范围和经济性比离心风机更有优势。轴流风机结构图如图7-19所示。

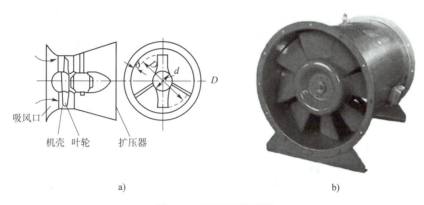

图7-19 轴流风机结构图

除以上两种风机外,还有斜流风机等不同类型,在此不一一阐述。

三、冷冻站及其主要设备

冷冻站是全站的供冷中心,以北京地铁为例,在复八线中,西单、天安门西等车站,除王府井、西单站设置两个冷冻站外,其他车站均设置一个冷冻站。冷源提供给大表冷器(独立)、风机盘管或组合式空调箱(或新风机组)等末端设备完成城市轨道交通车站隧道的制冷,冷冻站中最重要的设备为冷水机组。

1. 冷水机组

冷水机组是将压缩机、蒸发器、冷凝器、节流装置、自动控制元件及其他附属设备组装成一个整体设备。冷水机组一般采用全封闭活塞式和螺杆式机组。图7-20为螺杆式冷水机组。其作用原理参见单元7.2中车站空调水系统部分。

图7-20 螺杆式冷水机组

冷水机组的操作步骤如下:

(1)冷冻水泵运行。

(2)冷却水泵冷却塔运行。

(3)机组开机,重复启动时间间隔为15min。

2. 冷却塔

冷却塔是循环冷却水系统中的一个重要设备,用于将冷却水降温的过程。冷却塔有逆流式冷却塔、横流式冷却塔、射流式冷却塔和蒸发式冷却塔等四种类型,常用的是逆流式冷却塔(圆形、方形)和横流式冷却塔(圆形、方形)两种,如图7-21所示。

a)方形冷却塔

b)圆形冷却塔

图7-21 冷却塔

四、组合式空调箱

图7-22 组合式空调箱

组合式空调箱是暖通空调系统中核心功能部件及制冷的功能部分,是将各种空气处理设备及风机、风量调节阀等制成带箱体的单元体,这些单元体可根据工程需要由设计人员进行组合,成为一组能实现各种空气处理要求的组合式空调机,如图7-22所示。

组合式空调箱的主要功能段分别起到不同的作用,具体说明如下:

(1)混合风段。作用:利用风量调节阀来控制新回风比例,以便在不同时期和模式下调节不同结构的风。

(2)初效过滤段。作用:过滤输入空气的杂质,保持风的洁净和清洁。按照结构,过滤器可分为板式过滤器、袋式过滤器和卷轴式过滤器。

(3)表冷挡水段。作用:利用表冷器通过其内部循环的冷冻水来制冷空气,并利用滴水盘将空气中的凝结水收集在一起。

(4)风机送风段。作用:将处理完毕的、优质的、温度和强度适中的空气输出,以完成整个流程。

组合式空调箱内部结构如图7-23所示。

组合式空调机作为核心构件,对其结构有相当的要求,具体结构要求如下:

(1)各功能段具有足够的强度。

(2)机组检修门严密、灵活、开启及锁紧功能良好。

(3)机组设排水口,无溢出或渗漏。

(4)机组横断面上气流不应产生短路。

(5)机组应留有测孔和测试仪表接口。

(6)设置检修门和24V低压照明灯。

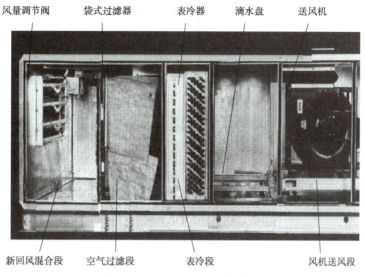

图7-23 组合式空调箱内部结构图

五、风机盘管

城市轨道交通车站中的设备管理用房或综控室等场所均设置可室内调节的空调形式,此空调形式需要在设备管理用房内设置风机盘管装置。图7-24为风机盘管的设置方式。

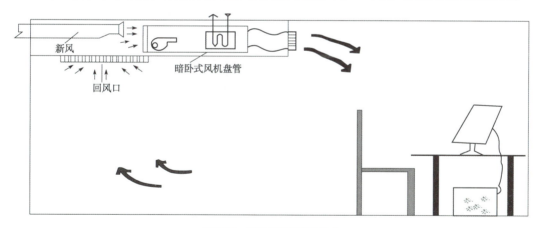

图7-24 风机盘管的设置方式

经处理的新风通过新风送风道送到房间,室内的风通过回风口与送入的新风混合后再经过风机盘管处理,达到要求后再送入房间,这样不断地循环,达到房间的使用要求。

风机盘管空调系统由风机盘管、新风机组、送风管道以及控制阀门等组成。其中,风机盘管、新风机组常被称为末端设备。

风机盘管按照形式不同可以分为卧式风机盘管、立式风机盘管、卡式风机盘管和高静压风机盘管,如图7-25所示。

a) 卧式风机盘管

b) 立式风机盘管

c) 卡式风机盘管

d) 高静压风机盘管(外形同卧式风机盘管)

图 7-25　风机盘管

城市轨道交通暖通空调系统的工作过程:空气处理设备集中在环控机房内(部分设备房有风机盘管进行空气处理),冷源也集中在一起(冷冻站),处理后的空气通过风道分送到需要的部位;同时,车站通过不同形式的风机、不同功能的风阀和遍布各处的风道进行正常的送风、排风及危险时刻的排烟等工作,完成整个系统的运转。

暖通空调系统的设备均受到控制中心、车站综控室的远程控制和监视以及设备控制柜的就地级控制,以实现设备启动与维护相关操作。

暖通空调系统是一个复杂的系统,不同城市轨道交通线路及车站所采用的暖通空调结构和形式均有不同,但基本原理不变。

【典型任务 7-1】　车站暖通空调系统认知

1. 任务描述

(1)熟练识别车站暖通空调系统的主要设备,并说出各设备的作用。

(2)了解车站暖通空调系统的基本工作原理。

(3)能够利用车站暖通空调系统的车站级控制装置,对发生的特殊情况进行紧急处置。

2. 任务实施

(1)将授课班级学生分组,每 5~8 人为一个学习小组。

(2)实地调研或网络查阅所在城市地铁某条线路使用的车站暖通空调系统,把车站暖通空调系统的主要设备名称及作用汇总在本教材附表 7-1 "典型任务实训工单"的表 A 中。

(3)根据教师设定的特殊情况下的任务,利用校内实训室的车站级控制装置进行紧急处置,分小组操作各任务,并把操作步骤汇总在本教材附表 7-1 "典型任务实训工单"的表 B 中。

复习思考题

一、选择题

1. 我国城市轨道交通车站经常采用的暖通空调系统是(　　)。
   A. 半开式系统　　　　　　　　B. 开式系统
   C. 站台门系统　　　　　　　　D. 闭式系统

2. 国内长江流域及以南的城市轨道交通车站的暖通空调系统一般采用(　　)。
   A. 开式系统　　　　　　　　　B. 闭式系统
   C. 站台门式系统　　　　　　　D. 半开式系统

3. 城市轨道交通车站公共区的空调通风兼排烟系统简称(　　)。
   A. 大系统　　　　　　　　　　B. 小系统
   C. 水系统　　　　　　　　　　D. 中系统

4. 城市轨道交通车站设备用房通风空调系统简称(　　)。
   A. 大系统　　　　　　　　　　B. 小系统
   C. 水系统　　　　　　　　　　D. 中系统

5. (　　)不属于城市轨道交通车站暖通环控系统的控制方式。
   A. 中央级控制　　　　　　　　B. 车站级控制
   C. 就地级控制　　　　　　　　D. 站台级控制

二、判断题

1. 开式系统是应用机械或活塞效应的方法使城市轨道交通内部与外界交换空气。(　　)

2. 闭式系统是一种地下车站内空气与室外空气基本不相互连通的方式,车站内温度由空调系统调节,区间隧道则借助于列车行驶时的活塞效应将车站空调风携带入区间,以此调节区间隧道的温度。(　　)

3. 闭式系统区间隧道内温度比同样运行条件的站台门系统高,站台视野开阔,广告效应好。(　　)

4. 当发生火灾时,设置在各车站车控室的车站级控制装置可接收报警信息,并通过自动控制系统实现车站进入火灾模式,控制暖通空调设备按火灾模式运行。(　　)

5. 地铁通风空调系统水系统,主要作用是用于制冷。(　　)

6. 大系统主要负责城市轨道交通车站公共区范围内的空气、环境调节。(　　)

7. 大系统主要是满足城市轨道交通设备的环境要求和地铁员工的舒适性要求。(　　)

8. 城市轨道交通采用的消声器一般设计安装在通风机的送风口和排风口。(　　)

三、简答题

1. 城市轨道交通车站暖通空调系统的系统组成有哪些?
2. 城市轨道交通车站暖通空调系统的控制方式有哪些?
3. 当列车在车站区域发生火灾时,城市轨道交通车站暖通空调系统的各个区域的通风系统将如何变化?

4. 请在地铁中寻找常见的风口,拍摄图片,并说明其名称,比较风口的不同点。

5. 能力升级题:运用本章学过的知识,以图7-26所示的深圳地铁2号线国贸站的切面标准图为基础,绘制相对完善的暖通空调系统大系统图,并论证其功能可靠性和实用性。在设计的过程当中请充分考虑送风、排烟、回/排风的设置,风亭不超过4个,着重考虑当发生火灾等特殊情况时的通风情况。

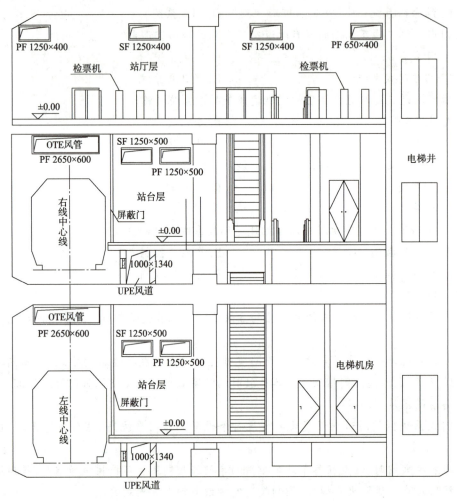

图7-26 深圳地铁2号国贸站的切面标准图(尺寸单位:mm)

模块 8
车站低压配电与照明系统

教学目标

1. 掌握车站低压配电系统的构成及分布。
2. 掌握车站低压配电系统负荷分类及供电方式。
3. 掌握车站照明系统的配电方式和控制方式。
4. 着重掌握车站照明系统的事故照明工作原理及作用。
5. 掌握车站低压配电日常巡视注意事项。
6. 了解车站低压开关柜的基本结构与使用。

建议学时

6 学时

单元 8.1 车站低压配电与照明系统概述

一、城市轨道交通供电系统概述

城市轨道交通供电系统的根本作用是为城市轨道交通运营提供动力能源——电能。其供电电源一般取自城市电网,高压电通过输送或变换,以适当的电压等级供给设备,以保证电源的供应。

城市轨道交通供电系统是由电力系统经高压输电网、主变电所降压、配电网络和牵引变电所降压、换流等环节,向城市轨道交通系统输送电力的全部供电系统。

根据用电性质的不同,城市轨道交通供电系统分为两部分:由牵引变电所为主组成的牵引供电系统和以降压变电所为主组成的低压配电与照明配电系统。

(1)牵引供电系统经由牵引变电所,将城市电网中压电降压、整流后变换成为城市轨道交通需要的 750V 或 1500V 的直流电传递给接触网,以提供列车动力电源。

(2)低压配电与照明配电系统则是以降压变电所为基础,将城市电网 10kV 中压配电降压为 380V/220V 或 660V/380V 的低压配电,包含照明系统和低压配电系统两个子系统,是城市轨道交通供电系统的重要部分,其主要作用是为低压设备提供和分配电能。

图 8-1 为供电系统与外部电源的供电系统图,图中虚线 2 上方为外部供电系统,虚线 2 下方为城市轨道交通供电系统,由以城市轨道交通牵引变电所为主的牵引供电系统和以降压变电所为供电起始端的低压配电及照明系统组成。

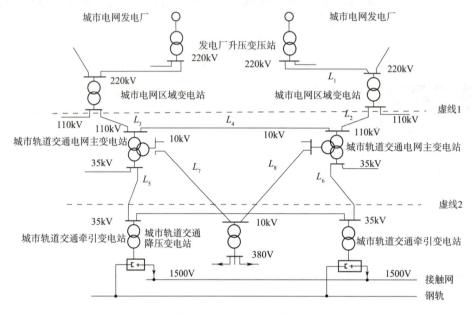

图 8-1　供电系统与外部电源的供电系统图

> **知识链接**
>
> 城市轨道交通第三轨一般采用的供电制式为直流 750V。架空式接触网一般采用的供电制式为 1500V。

试用一张电路原理图将图 8-1 进行简化,表现出外部供电的基本原理框架。

二、城市轨道交通供电系统的供电方式

供电系统是城市轨道交通的动力能源,负责为列车和动力照明负荷提供电源。它不仅要保证为电力用户提供安全、可靠、经济的电能,还要保证城市轨道交通的安全、正常运行,防止各类电气事故和灾害的发生。

城市轨道交通作为城市电网的一个用户,一般直接从城市电网中取得电能,无须单独建设电厂,城市电网对城市轨道交通进行供电。供电系统按供电方式划分,可分为集中式供电、分散式供电和混合式供电 3 种方式。

1. 集中式供电

在城市轨道交通沿线,根据用电容量和线路长短,建设专用的主变电所。主变电所进线

电压一般为 110kV,经降压后变成 35kV 或 10kV,供牵引变电所与降压变电所。主变电所应有两路独立的进线电源。集中供电有利于城市轨道交通供电形成独立体系,便于管理和运营。例如,上海地铁、广州地铁、南京地铁、香港地铁、德黑兰地铁等采用的是集中式供电。集中式供电示意图如图 8-2 所示。

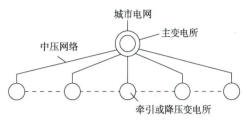

图 8-2 集中式供电示意图

集中式供电的优点:

(1)可靠性高,便于集中、统一调度和集中管理。

(2)施工方便,维护容易,电缆敷设径路比较好走。

(3)抑制谐波的效果较好。为减少谐波对电网的影响和危害,采用较高脉波(24 脉波)整流机组,或者选用较高电压(110kV)的电源,因为大容量、高电压电网的承受能力强,同时国家标准规定的谐波总畸变率和谐波电压含有率比小容量、低电压电网要低得多,有利于今后集中采取高次谐波防治措施。

(4)计费方便、简单。采用 110kV 电压集中供电方式,运行管理单位与电业部门的电度计费在主变电所设总计量就行,不必在各变电所分别计量。

2. 分散式供电

在城市轨道交通沿线直接由城市电网引入多路电源构成供电系统。一般为 10kV 电压级。分散式供电要保证每座牵引变电所和降压变电所均获得双路电源,要求城市轨道交通沿线有足够的电源引入点及备用容量。建设中的沈阳地铁、长春轻轨、大连轻轨、北京城铁、北京八通线、北京地铁 5 号线等均采用的是分散式供电。分散式供电示意图如图 8-3 所示。

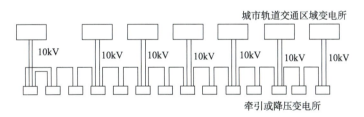

图 8-3 分散式供电示意图

3. 混合式供电

混合式供电是指将集中式供电和分散式供电两种供电方式结合起来进行供电,一般以集中式供电为主,个别地段引入城市电网电源作为集中式供电的补充,使供电系统更加完善和可靠。例如,武汉轨道交通工程、青岛地铁南北线工程等均采用的是混合式供电。

三、低压配电与照明系统作用

低压配电与照明系统在城市轨道交通中占据举足轻重的地位,其可靠性、安全性决定了通信系统、信号系统、环境与设备监控系统、自动售检票、火灾自动报警系统及消防系统等的运行质量,尤其体现在非正常工况状态下,它是城市轨道交通正常运营中不可缺少的重要保障。

总的来说,低压配电系统的作用是将低压电力安全、可靠、合理地配置给各个用电负荷。低压配电系统的具体要求如下:

(1)安全性。能够尽量防止人身触电,保证设备的正常运行,在火灾时刻保证供电的正常进行。

(2)可靠性。保证城市轨道交通运营时刻能持续不间断地供电,保证运营高峰时期的用电负荷容量(开关/线缆/变压器),保证良好的电力质量,保证过电流、过电压的继电保护,并能在恶劣气候条件下可靠地运行。

(3)合理性。保证重点负荷的供电,经济运行,节约用电。

> **历史知识** 　　城市轨道交通车站低压配电与照明系统的发展历程
>
> 城市轨道交通车站低压配电与照明系统的发展历程大致可以分为以下几个阶段。
>
> 1. 初始阶段
>
> 早期的城市轨道交通车站采用简单的配电和照明系统,以保障车站的基本供电和照明需求。这个阶段的系统比较简单,功能也比较单一。
>
> 2. 发展阶段
>
> 随着城市轨道交通车站规模的不断扩大和用电需求的不断增加,低压配电与照明系统逐渐发展和完善。这个阶段开始出现智能化的配电和照明设备,能够实现远程控制和监测,提高了系统的可靠性和安全性。
>
> 3. 现代化阶段
>
> 随着科技的不断进步和智能化的发展,城市轨道交通车站低压配电与照明系统逐渐实现现代化。这个阶段的系统采用了先进的通信技术、自动化技术和智能化技术,能够实现高效、灵活、可靠的供电和照明,同时能够满足节能环保的需求。

单元 8.2　车站低压配电系统

一、低压配电系统的构成和分布

1. 低压配电系统的构成

供配电系统均由电源(来源)、输电线路和负荷3部分组成。相应地,低压配电系统对应的3个具体的构成分别为低压配电室开关柜、低压电缆线路和设备配电箱。

变电所内设有低压开关柜,各级设备的负荷电源都从低压开关柜接引,通过低压电缆线路向各个用电设备配电。车站低压配电方式示意图如图8-4所示。

2. 低压系统设备室分布

变电所低压室、低压配电室各1座分别布置在站台层的两端,各负责半个车站及区间的负荷;环控电控室 2 座布置在站厅层的两端,各负责半个车站的环控负荷;照明配电室 4 座分别在站台层和站厅层的两端;蓄电池室 2 座,位于站台层的两端。

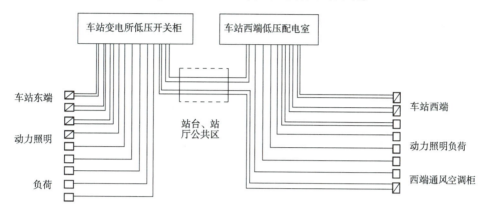

图 8-4　车站低压配电方式示意图

二、低压配电负荷的分类

1. 按照用途分类

低压配电负荷按用途可分为动力设备负荷和照明负荷两类。

其中,动力设备负荷主要包括通信、防灾报警、信号、火灾自动报警系统、自动票务、屏蔽门、风机、空调器、气体灭火、垂直电梯、污水泵、环境与设备监控系统、自动扶梯、检修插座、冷冻机组、空调水泵、冷却塔、清扫插座等设备的负荷。

> **小演练**
>
> 按照重要程度对设备进行排序,并说明排序的合理性。

2. 按照设备的重要程度分类

低压配电负荷按设备的重要程度分一级负荷、二级负荷和三级负荷。

（1）一级负荷

一级负荷设备包括消防设备、通信设备、信号设备、自动售检票设备、事故风机、排风机、排烟机、废水泵、站台门等。一级负荷设备极为重要,一级负荷设备的停电,将可能引发城市轨道交通运营的延误或者乘客疏散的困难,导致较大伤亡事故。因此,一般采用两路独立电源供给,并配有备用不间断电源。

（2）二级负荷

二级负荷设备包括一般风机、自动扶梯、直升电梯、污水泵等。二级负荷设备较为重要,二级负荷设备的停电,将可能引发运营的延误或者乘客疏散的困难,导致一定程度伤亡事故的发生,一般采用两路独立电源供给。

（3）三级负荷

三级负荷设备包括空调机、冷水机组及清扫、检修等设备。三级负荷设备相对重要性较低,三级负荷设备的停电将会导致乘客舒适度下降,但一般不会导致伤亡事故的发生。

三、低压配电设备的供电方式

系统所供配电设备可分为车站降压所直接供配电设备和环控电控室供配电设备。环控电控室一般设置在空调通风机房、车站的一端或两端。不同负荷的不同供电系统的供电方式各有不同,下文将简单阐述。

1. 一级负荷设备供电方式

一级负荷设备,如通信系统、信号系统、综控室等,系统由降压变电所低压柜Ⅰ、Ⅱ段母线(两路引自变电器电源)各引一路电源到设备附近,在设备末端设置双电源自动切换箱(相对集中的小容量一级负荷为节省投资而共用一个双电源自动切换箱就近配电,即前述树干式布线)。

2. 二级负荷设备供电方式

二级负荷设备,如自动扶梯、排污泵等,系统由降压变电所低压柜Ⅰ或Ⅱ段母线引一路电源,当所在母线故障时母联开关投入,由另一段母线供电。当电网只有一路电源时,允许将其从电网中切除(人工切除)。

3. 三级负荷设备供电方式

三级负荷设备,如环控三类负荷、冷水机组、空调机等,系统由降压变电所低压柜三级负荷总开关引一路单电源,一路总进线电源故障时自动被切除,人工复位。在火灾情况下,火灾自动报警系统直接切断三级负荷总电源。

对环控室直接配电的环控一、二级负荷设备(如区间隧道风机、送排风机、防火阀、环境与设备监控系统控制柜等),系统采用单母线断路器分段接线形式供电,并设有电源自动切换装置,通过母联断路器(连接两段母线)的备用电源自动切换装置,实现两路电源互备供电。

对环控室供配电(直接或间接)的环控三级负荷设备(如电动蝶阀、冷却水泵等),系统采用单母线接线形式供电。当该母线失压或故障时,中断供电;当电网只有一路电源供电时,联跳中断供电。

> 💡 **想一想**
>
> 当发生火灾时,不同的负荷设备如何供电?怎样控制这些设备?

四、低压配电设备的控制

为了保障低压配电设备的安全使用,系统采用多种控制设备方式,分别对各种配电设备进行控制,如控制通风机运行、控制电梯运行等,一般设备采用就地控制和综合控制两种方式。

1. 就地控制

就地控制是指在设备附近,便于直接控制的控制方式。例如,自动扶梯一般都采用就地控制方式,事故状态下才会采用综控室联动控制,紧急停止自动扶梯。如图 8-5 所示,上方红色为紧急停止按钮,紧急情况下按此按钮紧急停止。另外,模块7中的组合式空调箱的就地控制盘也属于就地控制。

2. 综合控制

综合控制是指在车站综控室由环境与设备监控系统实现对风机、空调、水泵等设备的控制与监视,并将采集的信息送至中央控制室。

除了以上两种控制方式外,环控电控室直接的环控设备(如风机等)同时存在环控电控室控制方式,即在环控电控室内可对各环控设备进行控制,以保证环控的整体运行。

图8-5　自动扶梯紧急停止按钮

> **典型案例**　　与地铁车站低压配电与照明系统相关的典型事故案例
>
> 案例1:上海地铁11号线南段事故。该事故发生在2011年9月27日14时37分,由于供电设备故障,致使地铁11号线两列列车在南翔至桃浦路下行区段内发生一起追尾事故。此次事故是由于在低压配电系统中,控制信号电源的断路器在列车控制系统启动时发生故障,导致信号系统瘫痪,使两列列车发生追尾。
>
> 案例2:成都地铁1号线"2·15"地下空间严重淹水事故。该事故发生在2015年2月15日,成都地铁1号线省体育馆站地下空间发生严重淹水,导致省体育馆站双向受阻。经初步核查,事故共造成8人死亡,6人受伤,伤者已送往医院救治。此次事故是由于地铁低压配电系统故障,导致排水泵无法正常工作,地下空间积水无法及时排出。
>
> 以上两个事故案例都与地铁车站低压配电与照明系统相关,提醒我们在设计和维护地铁车站低压配电与照明系统时需要重视系统的安全性和稳定性,防止类似的事故再次发生。

单元8.3　车站低压配电系统设备简介

一、低压开关柜

1. 低压开关柜的定义

一个或多个低压开关设备和与之相关的控制、测量、信号、保护、调节等设备,由制造厂家负责完成所有内部的电气和机械的连接,用结构部件完整地组装在一起的一种组合体。其功能包括:中央控制室的计算机系统可与其联网,对各供配电回路的电参数进行监测,对断路器进行监视、控制。

2. 低压开关柜的特点

(1) 结构紧凑、易于维护。

(2) 预防和避免事故发生。

(3) 减少设备维护和检修时间。

(4) 实现数据资源共享。

(5) 智能化。

3. 低压开关柜的分类

低压开关柜为封闭式户内成套设备,一般采用抽屉式柜体,便于运营维护。这种柜体是目前低压柜的发展趋势。低压开关柜主要分为以下几类,其名称及功能见表 8-1。图 8-6 为武汉地铁低压开关柜。

低压开关柜的分类　　　　　　　　　　表 8-1

序号	名称	功能
1	母联柜	分配母线之间电能的传递,投切
2	馈线柜	分配电能
3	进线柜	接收电能并传递给主母线、配电母线
4	电机控制柜	风机、风阀等机电设备的控制
5	电容补偿柜	进行无功补偿,提高功率因数

4. 低压开关柜的组成部分

低压开关柜由柜体、母线和功能单元 3 部分组成,如图 8-7 所示。

图 8-6　武汉地铁低压开关柜

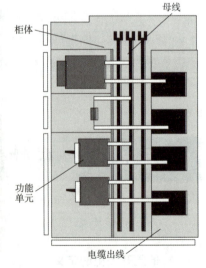

图 8-7　低压开关柜组成示意图

(1) 柜体。开关柜的外壳架构及内部的安装、支撑件。

(2) 母线。一种可与几条电路分别连接的低阻抗导体。

(3) 功能单元。完成同一功能的所有电气设备和机械部件(包括进线单元和出线单元)。抽屉式功能单元可以在检修时将功能单元从柜体中抽出,在与开关柜完全隔离的情况下检修和操作。图8-8为开关柜内部实物结构图。

图8-8 开关柜内部实物结构图

二、电缆线路介绍

1. 电缆、电线的区别

电缆用于由低压柜馈出至配电箱、双电源箱、控制柜回路,配电箱馈出至设备的连接,绝缘电压等级为1000V。

电线用于照明设备的连接、配电箱的出线,绝缘电压等级为500V。

2. 电缆、电线的应用

低烟低卤耐火型电缆或电线可用于火灾自动报警系统、环境与设备监控系统、隧道风机、回风/排烟风机、风阀、组合空调箱、排烟风机、防火阀、垂直梯等设备的火灾工况下。

低烟无卤型电缆或电线用于有人值守场所,以保障人身安全。

三、低压配电其他设备

除了以上介绍的低压配电设备外,城市轨道交通车站庞大的动力照明系统当中有大量的其他配电设备。这些设备,主要起到电能的上级接收和设备电能的供应控制。在本模块单元8.4将具体说明照明系统,因此,此部分主要介绍相关的动力配电设备,具体包括如下内容:

(1)环控设备就地控制箱。该设备安装于车站各环控设备附近,用于维修调试各环控设备时的就地控制操作,如图8-9、图8-10所示。

(2)防淹门控制柜。该设备安装于过江隧道两端防淹门控制室及车控室,用于防淹门的操作控制。

(3)雨水泵控制柜。该设备安装于地下隧道入口处雨水泵控制室内,用于地下隧道入口处雨水泵运行控制。

图8-9 环控设备就地配电控制箱　　　　图8-10 环控设备就地配电控制箱内部

(4)废水泵、污水泵、集水泵控制箱。这类设备安装于车站废水泵、污水泵、集水泵用电设备附近,用于废水泵、污水泵、集水泵运行控制。

图8-11 空气处理机动力配电箱

(5)区间隧道维修电源箱。该设备安装于正线区间隧道内,约80m设一台,为隧道内设备维修作业提供所需要的电源。

(6)电源配电箱、电源切换箱,即动力配电箱。该设备安装于车站各动力用电设备(如自动扶梯、水泵、信号、通信、自动售检票等设备)附近,提供设备所需电源。图8-11为空气处理机动力配电箱,上方各按钮分别可控制相关的风机、风阀等设备。

(7)防火阀电源配电箱。该设备安装于车站防火阀相对集中处附近,提供给防火阀关闭电磁阀动作所需电源。

(8)自动扶梯紧急停止按钮。该设备安装于车控室内,用于在发生紧急情况时自动扶梯应急停机控制。

单元8.4　车站照明系统

一、照明系统的功能及设计原则

1. 照明系统的功能

城市轨道交通车站中的地下光环境较为特别,主要表现在长期没有自然光,导致车站内外光度差异大。因此,在照明设计时,地下照明需经过细致的设计,以保证乘客的舒适性,提供明亮的环境。同时,车站照明应能够辅助乘客更好地完成乘车等活动,并能够保证在特殊、危险时刻的疏散活动。另外，城市轨道交通日益成为人们文化生活的一个部分，车站的功能也不是单纯地输送乘客，不同地区的车站应具备一定的艺术感染力和文化性。总之，城市轨道交通照明系统在车站设备中起着至关重要的作用。图8-12为不同国家艺术感十足的城市轨道交通车站图。

a)上海外滩观光隧道(中国)

b)芝加哥的奥黑尔地铁站(美国)

c)迪拜地铁站(阿联酋)

d)慕尼黑城市地铁站(德国)

e)莫斯科共青团地铁站(俄罗斯)

图8-12　地铁照明图

2. 照明系统的设计原则

鉴于对城市轨道交通车站照明系统功能的各种要求，在设计过程中需注意以下基本原则：

(1) 避免使出入车站的人员感受到过大的亮度差别。
(2) 保证停留在车站内人员的安全和舒适的感觉。
(3) 光源的光色和灯具的安装位置都不能导致和信号图像相混淆。
(4) 照明方式按照视觉工作程度、照度、显色性、配光及布置方法等因素选择。
(5) 照度标准表见表8-2。

照度标准表 表8-2

名称	平均照度的平面位置	平均照度(lx)			应急照明(lx)
		低	中	高	
车站站厅、自动扶梯	地板	150	200	250	≥15
车站站厅	地板	150	200	250	≥15
出入口通道及公共区楼梯	工作面	150	200	250	≥15
站长室、车站综控室	工作面	200	250	300	≥100
售票机	工作面	200	250	300	≥30
进出站自动检票机	工作面	200	250	300	≥30
机械风道	地面	≥50	—	—	3
通信、信号机械室	工作面	≥150	—	—	≥15
办公区走廊	地板	≥100	—	—	10
一般办公管理用房	工作面	≥100	—	—	0
区间隧道	轨顶面	≥20	—	—	3
液线、线岔、折返线轨	轨顶面	≥20	—	—	3
变电所	工作面	≥150	—	—	100
各种机房	工作面	≥100	—	—	10

(6) 灯具布置要考虑照度充足均匀、维修方便、安全等因素。

(7) 灯泡安装容量小，布置整齐美观，与建筑空间相协调，光线射向适当、无眩光、无阴影。

(8) 安全节能，并具有一定的设计感，反映车站主题和文化。图8-13所示为地铁照明示意图。

图8-13　地铁照明示意图

二、照明系统的分类

城市轨道交通车站的地下地域特征及运营性质决定了车站内照明种类的多样化，进而决定了照明配电回路的数量不亚于动力用电回路。一般来说，城市轨道交通车站照明系统采用380V三相五线制和220V单相三线制方式供电。

1. 按照照明位置分类

城市轨道交通照明系统范围为车站降压所变压器后的照明设备、设备及线路。按照明位置分类,照明系统大致包括以下 4 部分:

(1)站台、站厅公共区的一般照明、节电照明、事故照明、广告照明,如图 8-14 所示。

图 8-14　公共区照明

(2)出入口的一般照明、事故照明、广告照明,如图 8-15 所示。

(3)设备及管理用房的一般照明、事故照明以及出入口的疏散导向标志照明。

(4)电缆廊道的一般照明及区间隧道的一般照明、事故照明,如图 8-16 所示。

图 8-15　地铁出入口照明图　　　　图 8-16　区间隧道照明

2. 按照照明属性分类

按照照明属性及其作用的不同,照明系统可分为不同的类型,主要有节电照明、标志照明、出入口照明、站台站厅照明、广告照明、事故照明、疏散诱导指示照明等。不同属性的照明分别在不同的领域发挥其各自的作用。例如,标志照明能保证乘客清晰、快速地获取标志信息。

想一想

什么是节电照明?

教学建议:请学生说出日常生活中为了照明节电而采取的措施。

3. 按照重要性分类

城市轨道交通照明负荷按照其重要性可分为3个等级,其分类与动力设备负荷分类原则相一致。

一级负荷:节电照明、事故照明、疏散诱导指示照明、公共区工作照明。

二级负荷:设备区域一般照明、各类指示牌照明。

三级负荷:广告照明。

其中,一般照明是城市轨道交通车站地下通道、站厅、站台内设置灯具最多的一种照明。这种照明用于保证乘客在城市轨道交通车站能安全地候车和上下车。

三、照明系统的配电方式

照明系统根据其属性、用途及重要性的不同,配电方式也多有不同。图8-17为城市轨道交通车站照明系统配电原理图。以此图为基础,我们对不同照明的配电方式进行阐述。

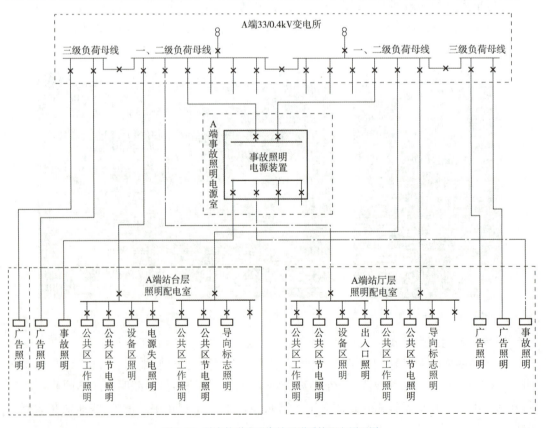

图8-17 城市轨道交通车站照明系统配电原理图

1. 站台、站厅等一般照明——交流双电源交叉方式供电

一般情况下,车站站台、站厅的两端各设置一个照明配电室,室内集中安装各类照明配电控制箱。在站台的两端各设置一个事故照明装置室。一般照明、节电照明、设备及管理用房照明的电源,分别在降压所的低压开关柜两段母线上各馈出一路电源,与照明配电室的两个配电箱连接,以交叉供电方式向站台、站厅、设备及设备管理用房供电。

2. 事故照明的配电

事故照明作为车站发生突发状况的"救命灯",保证其正常的供电尤为重要。事故照明的具体配电方式、设置方式如下。

(1)事故照明的配电方式

事故照明正常采用交流双电源互为备用供电,一路失电,另一路接入电路。事故照明是由低压所的低压开关柜两段母线上各馈出一路电源,经事故照明配电室再馈出给各事故照明。同样,疏散导向标志照明由事故配电箱分配给单独回路供电,如此设计可保证事故照明不受其他照明负荷的干扰,在事故发生时仍然可以正常使用。

当两路电源均失电后,事故照明由车站两端设备的事故照明电源装置——蓄电池供电,电源装置由蓄电池组、充电器和逆变器组成。其具体工作原理:当交流电源失去后,蓄电池提供 220V 直流电源供电,经过逆变器将直流电逆变为交流电输出,一般可持续 1h 供电;当电源恢复后,又自动切换回交流 380V 供电,并利用整流器将交流电转变为直流电给蓄电池充电,保证蓄电池持续带电。图 8-18 为事故照明配电原理图,图 8-19 为事故照明电源装置实物图。

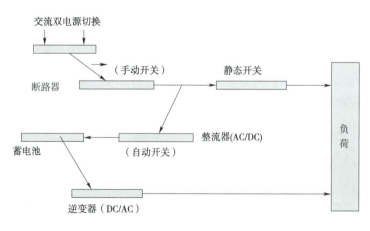

图 8-18 事故照明配电原理图

图 8-19 事故照明电源装置实物图

💡 **想一想**

根据事故照明的配电原理讲解,尝试说明列车失电后的列车蓄电池如何供电?

(2)事故照明的设置方式

①重要房间设置事故照明,事故照明照度为正常照度的 10% 左右。

②站内通道每隔 20m 设标志灯,距地面小于 1m。
③站台、站厅及出入口设置长明灯,不设集中控制。
④侧墙上导向标志灯间距 10~15m,高度距地面 1m。
⑤安全(疏散)出口标志灯应安装在出口的顶部或靠近出口上方的墙面上,如图 8-20、图 8-21 所示。

图 8-20　安全出口位置图示　　　　　　　　图 8-21　常见疏散导向标志图

⑥安全出口标志灯的下边缘距门的上边缘不宜大于 0.3m,并与疏散方向垂直。
⑦安全出口标志灯的方向应指向最近的安全出口。
⑧当安全(疏散)出口位于疏散通道侧面时,应在其前方位置的顶棚下设置安全(疏散)标志灯。

3. 广告照明

广告照明分设于站台、站厅公共区,采用日光灯灯箱的形式。广告照明一般由照明配电室配电箱统一分配供给,而在某些城市轨道交通车站,三级负荷的广告照明与正常的其他照明的供电电源是分开的。

> 想一想
>
> 广告照明属于哪种供电方式?并思考其优缺点。

图 8-22　区间隧道供电图

4. 区间隧道照明

区间隧道照明均安装在两侧壁,如图 8-22 所示。一般照明由设在站台两端,隧道入口处,区间隧道一般照明箱配出,每间隔 20m 一个,一般为 70W 高压钠灯;疏散照明每隔 20m 一个,一般为 36W 荧光灯;指示照明,出口标志灯照明每间隔 50m 设置一个,按不同属性照明交叉设置。

想一想

根据本节所学知识,尝试说明当车站发生火灾时,哪些照明设备需启用,哪些需停用,其供电流程以及方式是怎样的?

四、照明系统的控制

照明系统的控制主要有就地控制、照明配电室控制、车站设备监控系统集中控制(自动控制)和低压配电室控制。

 想一想

家中的电灯可分别由哪些设备进行控制?

1. 就地级控制

各设备及设备管理用房进门处设有就地开关盒,可控制相应设备及设备管理用房的一般照明。

区间隧道一般照明受隧道两端入口处的区间隧道一般照明配电箱控制。

2. 照明配电室控制

照明配电室设有相应照明场所的照明配电箱,可在室内集中控制相应场所的一般照明、节电照明、事故照明及广告照明。图 8-23 为照明配电箱图示,图 8-24 为照明配电箱内部图示。

图 8-23 照明配电箱图示

图 8-24 照明配电箱内部图示

3. 车站设备监控系统集中控制

车站设备监控系统集中控制主要指通过机电设备监控中的车站设备监控系统实现控制。在其控制下,事故照明应具有防灾报警系统集中强启动功能,照明系统通过读取车站列车接发系统或旅客引导系统的信息,合理启闭站台灯具。

车站设备监控系统的主要功能包括如下:

(1)具有系统联网自动控制及人工控制功能。

(2)按车次信息进行自动启闭灯具和降功率二次节能的功能。

(3) 具有人工干预功能，如可对列车晚点、更改站台股道、加开临客、车次停运进行人工干预。

(4) 具有查询功能，如可按站台、车次等查询照明工作情况，按通道、终端查询设备参数情况。

(5) 具有检错功能，如线路、接口设备、终端逻辑控制编/译码器故障均能自动显示在监视器上，对操作人员的错误操作具有汉字提示及操作指导。

(6) 具备直接发送功能，如可直接向任一控制终端发送干预信息。

除以上所讲控制方式外，还有各个控制照明的配电箱、低压配电室的开关柜等，也可以对照明系统进行控制，此处不再赘述。

各系统供电控制

(1) 设备用房照明就地控制→照明配电室控制→车站设备监控系统集中控制→低压配电室。

(2) 站厅、站台公共区照明：出入口照明、广告照明、站台板下安全照明→照明配电室控制→车站设备监控系统集中控制→低压配电室。

(3) 事故照明：照明配电室控制→车站设备监控系统集中控制→蓄电池室→低压配电室。

(4) 区间照明：隧道口就地控制箱控制→车站设备监控系统集中控制→蓄电池室→低压配电室。

五、车站照明常用灯具的选择

灯具选择可根据亮度的要求、颜色及节能的角度来考虑。地下车站照明以荧光灯为主，事故照明采用白炽灯，区间照明及站台下、折返线查坑、车辆段检查坑内的安全照明采用白炽灯。随着科技的发展，LED 灯具日益发挥其节能、耐用的优势，得到了广泛的应用。另外，不同位置的照明需要具备其自身的特点，进行特别的设计。不同区域的常用灯具及要求说明如下：

(1) 区间照明灯具应具有防水、防尘、耐腐蚀的特点，灯具应具有一定的遮光性能。光源一般采用 60W 白炽灯、节能型荧光灯。

(2) 车站照明站厅、站台公共区照明以嵌入式格栅灯和筒灯为主。

(3) 无吊顶房间照明采用管吊式荧光灯和筒灯为主。

(4) 有吊顶房间照明采用嵌入式格栅灯、筒灯和吸顶灯。

(5) 有火灾危险的场所照明采用防爆灯。

搜寻目前广泛应用的节能灯，并做比较，评选出性价比最高的节能灯具。

单元 8.5 车站低压配电与照明系统日常维护

一、电力系统操作安全规范

对于普通工作人员来说,当设备发生故障时,为了不造成更大范围的影响,由工作人员依照"先通后复"原则及相关规则暂做技术处理,并按程序报专业维修人员处理工作。

当发生严重漏水等事故时,工作人员要立刻暂停诸如自动扶梯等设备,以防止设备漏电对乘客造成伤害。

当无法确定设备是否接地或者带电时,切忌轻易接触带电设备,做好安全防护,保证其接地后再进行操作。

二、低压配电与照明系统的日常巡视与维护

低压配电及照明系统在城市轨道交通运营中意义重大,每个工作人员都会与低压配电照明相关设备有所联系。因此,在日常工作当中,工作人员要时刻关注该部分的情况。

低压配电及照明系统的巡视以"望、闻、问、切、嗅"为主要方式。作为工作人员,在日常工作中,应多"望"多留心照明情况,找到故障点,并及时通知维修人员。

1. 日常巡视

日常巡视的主要内容包括如下:

(1)巡视设备外观有无污染、机械损伤。
(2)巡视设备运行状态,如"听""看""嗅",查抄电压电流表,有无故障报警指示。
(3)检测设备运行温度和设备管理用房温度。
(4)巡查线路外观,注意污染、机械损伤、外皮温度、过载老化、接头温度。
(5)巡查灯具及外壳防护、光源,如发现灯具灯头两端变黑,须进行更换。
(6)建立设备巡视记录,记录对比分析各次检查数据。

2. 计划检修

电力设备在进行检修的过程中,在购置后即需要对电力设备的检修做好计划,并按照计划进行检修。计划检修的主要内容包括如下:

(1)定期做好设备的清洁、刷防护漆,保持配电房的清洁。
(2)定期更换易损元器件。
(3)检查接头温度,检查接线有否松动、连接件是否紧固。
(4)检查开关元器件机械动作。
(5)检查各电气接口,进行电气交接试验,并进行接口联动测试。
(6)检查设备线路绝缘情况,严查漏电现象。
(7)进行备用设备检测,如发现设备损坏,应立即更换。

(8)定期地对蓄电池充放电维护,检测蓄电池溶液位置,如发现溶液容量不达标立即更换。

(9)测量设备三相电流、电压、相序(维修后需检测)。

触电急救措施

在电力设备较多的场所,触电事故多有发生。对于身边发生的触电情况,旁观者应该注意哪些问题?应采取哪些急救措施呢?作为城市轨道交通工作人员,当发生与电相关的突发事故时,切记要保持冷静,熟练地利用相关的劳动防护用具,尽快使触电者脱离电源,然后根据触电者的具体情况,采取相应的急救措施,保证乘客及自身的生命安全。

当有人不慎触电时,脱离低压电源的方法有拉闸断电、切断电源线、用绝缘物品脱离电源,脱离高压电源的方法有拉闸停电、短路法,脱离跨步电压的方法有断开电源。具体操作:穿绝缘靴或单脚着地跳到触电者身边,紧靠触电者头或脚,将他放在等电位的地面上,即可就地静养或进行抢救。

1. 脱离电源的注意事项

(1)救护者一定要判明情况,做好自身防护。

(2)在触电人脱离电源的同时,要防止二次摔伤事故。

(3)如果是夜间抢救,要及时解决临时照明,以避免延误抢救时机。

2. 急救——心肺复苏法

当伤者已昏迷不醒时,在救护人员到来之前要对其进行基本急救。先畅通气道→口对口(鼻)人工呼吸→胸外按压(人工循环)→胸外按压与口对口(鼻)人工呼吸同时进行时,其节奏为:单人抢救时,每按压15次后吹气2次,反复进行;双人抢救时,每按压5次后由另一人吹气一次,反复进行。

【典型任务8-1】 车站低压配电与照明系统认知

1. 任务描述

(1)掌握车站低压配电与照明系统的组成。

(2)能够辨别不同类型的低压配电负荷和低压配电系统设备,掌握低压配电系统的供电方式。

(3)掌握车站低压配电与照明系统突发故障的应急处理能力,熟悉各工作岗位职责。

2. 任务实施

(1)将授课班级学生分组,每5~8人为一个学习小组。

(2)实地调研或网络查阅所在城市某地铁车站低压配电系统设备的名称和功能并汇总在本教材附表8-1"典型任务实训工单"的表A中。

(3)国庆节期间,某地铁2号线中心广场站与步行街站区间停电,停电后,车厢内乘客因不明原因停电而发生拥挤,作为距离最近的车站工作人员应该如何采取应急处理措施,小组成员分角色模拟演练,然后将具体流程及注意事项汇总在本教材附表 8-1 "典型任务实训工单"的表 B 中。

复习思考题

一、选择题

1. 城市电网对城市轨道交通进行供电,供电系统从供电方式上看,有(　　)。
   A. 集中式供电　　B. 分散式供电　　C. 混合式供电　　D. 单边式供电
2. 低压配电负荷按设备的重要程度分为(　　)个等级。
   A. 1　　　　　　B. 2　　　　　　C. 3　　　　　　D. 4
3. 站台站厅等一般照明方式采用(　　)方式供电。
   A. 交流双电源　　B. 直流双电源　　C. 直流单电源　　D. 交流单电源
4. 区间隧道照明的照明箱一般隔(　　)距离安装一个。
   A. 5m　　　　　B. 10m　　　　　C. 15m　　　　　D. 20m
5. 以下哪种供电方式不是城市轨道交通供电系统的供电方式?(　　)
   A. 集中式供电　　B. 交叉式供电　　C. 混合式供电　　D. 分散式供电

二、判断题

1. 混合式供电是指将集中式供电和分散式供电结合起来,但是以分散式供电为主。(　　)
2. 一般来说,城市轨道交通车站照明系统采用 380V 三相五线制、220V 单相三线制方式供电。(　　)
3. 车站设备监控系统集中控制具有系统联网自动控制及人工控制功能。(　　)
4. 城市轨道交通的接触网需要的低压直流电为 750V 或者 1500V。(　　)
5. 城市轨道交通照明负荷按照其重要性,可分为 4 个等级。(　　)

三、简答题

1. 简述低压配电系统的系统构成。
2. 低压配电系统设备的负荷分类,不同负荷的供电方式有何区别?
3. 低压配电系统的控制方式有哪些?
4. 照明系统的组成及负荷分类有哪些?
5. 低压配电日常巡视内容有哪些?

模块 9
车站环境与设备监控系统

教学目标

1. 掌握环境与设备监控系统构成。
2. 掌握中央级控制系统的基本功能。
3. 掌握车站级控制系统的基本功能。
4. 了解设备监控系统主要的监控内容。

建议学时

6 学时

为了满足城市轨道交通的运营要求,在车站设置了保障正常运营的照明设备、通风空调设备、给排水设备、站台门系统、自动扶梯等;同时,为满足在紧急状态的报警、乘客疏散、救灾等要求,在城市轨道交通车站还设置了火灾自动报警系统、消防水系统、气体灭火系统、防排烟系统、防烟设备等机电设备和系统。为了实施这些系统和设备相互间的有序联动控制和监视,在城市轨道交通线上设置了环境与设备监控系统的自动控制系统。

环境与设备监控系统是对全线所有车站、车辆段、区间隧道内设置的各种正常运营保障设施(包括通风空调设备、给排水设备、照明设备、自动电/扶梯等)和事故紧急防灾设施进行实时的监控管理,并确保上述系统安全、可靠地运行。特别是在地下车站发生火灾事故的情况下,环境与设备监控系统接收火灾自动报警系统传发的火灾模式指令,使有关救灾设施按照设计工况及时、有效地运行,从而保障乘客及工作人员的人身安全。

环境与设备监控系统车站级一般集成在综合监控系统中,环境与设备监控系统现场级监控系统主要包括冗余配置的可编程逻辑控制器(PLC)(设置于 A/B 两端通风空调电控室)、远程智能输入/输出模块(RI/O)、各类传感器、执行机构以及现场控制网络等。根据机电设备的设置情况配置远程 I/O,一般在通风空调电控室、照明配电室、通风空调机房、冷水机房、水泵房、自动扶梯等的附近。车站级环境与设备监控系统网络构成采用全以太网方案。在全以太网方案中,网络设备由环境与设备监控系统负责配置,其余车站级监控设备均由综合监控系统负责配置,功能由综合监控系统负责实现。

环境与设备监控系统采用两级管理、三级控制的结构体系。其中,两级管理分别是中央级和车站级,三级控制优先级从高到低依次为就地级、车站级、中央级。就地级设置在车站环境控制设备房内,由维修人员操作有关控制板,实现环控设备的安装调试与维护检修;车站级设置在车站,通过车站级综合监控系统工作站和综合后备盘实现设备的监控;中央级设置在控制中心,通过中央级综合监控系统工作站监控相关设备的运行。环境与设备监控系统网络状态示意图如图9-1所示。

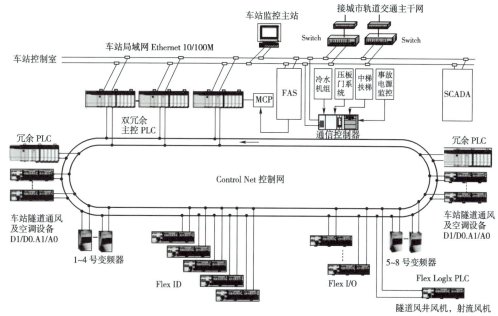

图9-1 环境与设备监控系统网络状态示意图

单元9.1 车站环境与设备监控系统结构功能

一、车站级环境与设备监控系统

车站级环境与设备监控系统具有工艺图展示功能、设备监视功能、设备点动控制功能、模式控制功能、时间表控制功能和控制方式选择功能。

1. 工艺图展示功能

工艺图展示功能是指车站级环境与设备监控系统具有展示车站及所辖区间通风空调系统工艺图、空调水系统工艺图等功能。其主要包括隧道通风系统、车站大系统、车站小系统、车站空调水系统。

2. 设备监视功能

(1)监视车站及所辖区间通风空调系统、空调水系统、给排水系统、自动扶梯、电梯、照明系统、人防门等设备工作状态及故障报警信息。

(2)监视车站及所辖区间环境与设备监控系统设备信息,包括可编程逻辑控制器、远程

I/O、环境与设备监控系统通信设备等。

（3）监视传感器提供的车站温度、湿度等环境参数。

3. 设备点动控制功能

（1）按照监控点表对车站及所辖区间通风空调系统、空调水系统、给排水系统、照明系统等设备进行控制。

（2）提供设备点动控制操作前的权限检查功能，如设备是否处于"远方"等。

（3）提供与设备点动控制功能相关的操作反馈信息，如"某某设备没有满足闭锁条件""控制权位置不在本地""网络故障"等，以便操作人员进行后续操作。

4. 模式控制功能

（1）按工艺子系统提供模式控制功能，实现通过一个模式号对一组环控设备进行控制功能。模式包括正常模式和灾害模式（阻塞和火灾模式）。所有的模式控制指令都需要经过确定后才能下发。

（2）提供模式执行状态反馈功能，包括模式执行中、执行失败和执行成功3种状态，并以模式对照表的形式提供设备的模式执行状态信息。

5. 时间表控制功能

（1）提供时间表控制功能，根据控制中心下发的时间表，自动执行时间表设定的模式指令。

（2）提供时间表查看功能，查看当前车站可编程逻辑控制器今日时间表和明日时间表。

（3）提供时间表下载计划查看功能，查看当前车站的时间表下载计划。

（4）提供时间表的详细信息查看功能，包括起始时间、工艺子系统、模式信息。

6. 控制方式选择功能

（1）提供设备点动控制、模式控制和时间表控制3种控制方式选择功能，当选择点动控制方式时，需在设备对话框控制页选择"单控"；当选择模式控制方式时，需在模式界面选择"模式手动"；当选择时间表控制方式时，需在模式界面选择"模式自动"。

（2）当火灾模式启动时，会自动清除模式相关设备单控标志位，将所有设备切换为自动控制，使设备按照火灾模式的要求动作。但正常工况和阻塞工况模式启动时不会清除设备单控标志位。

（3）任何模式执行过程中，可把单个设备切换为"单控"，对单个设备进行点动控制。

二、中心级环境与设备监控系统

中心级环境与设备监控系统除具备车站级环境与设备监控系统所实现的功能外，还包括以下功能。

1. 区间工艺图展示功能

区间工艺图展示功能是指展示全线区间隧道通风系统工艺图。

2. 全线重要环控设备信息汇总监视功能

提供全线重要环控设备信息汇总显示功能，包括但不限于：

（1）全线大系统风机。

（2）全线冷机。

（3）全线应急电源。
（4）全线站厅、站台传感器。

3. 区间模式控制功能

（1）提供区间模式控制功能，在列车阻塞或火灾实现通过一个模式号对一组环控设备进行控制功能。模式包括正常模式和灾害模式（阻塞和火灾模式）。所有的模式控制指令都需要经过确定后才能下发。

（2）提供模式执行状态反馈功能，包括模式执行中、执行失败和执行成功3种状态。

4. 时间表在线编辑、下载、回读功能

（1）提供全线时间表控制功能，包括工作日时间表、周末时间表、特殊日时间表（特殊日起止时间）。

（2）提供时间表在线编辑及排定功能，方便根据城市轨道交通运营需求在线修改时间表。

（3）提供时间表在线下载功能，将中心排定好的时间表下载到各站。

（4）提供时间表总览功能，回读当前各站时间表信息。

单元 9.2　车站环境与设备监控系统监控范围

一、监控系统

环境与设备监控系统的控制范围及相互关系如图 9-2 所示，环境与设备监控系统与被监控对象及其他系统的接口关系如图 9-3 所示。

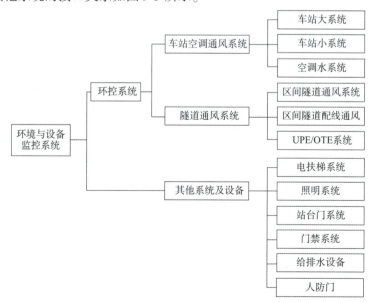

图 9-2　环境与设备监控系统控制范围及相互关系

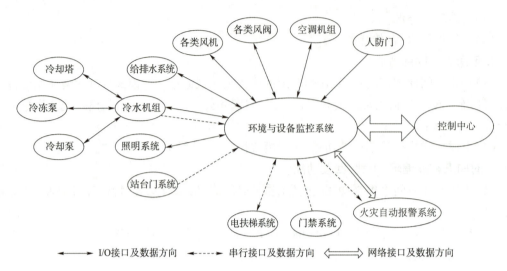

图 9-3　环境与设备监控系统与被监控对象及其他系统的接口关系

二、监控操作

控制中心（OCC）和车站控制室（Station Control Room, SCR）分别完成表 9-1 所列监控操作。

控制中心和车站控制室的监控操作　　　　　　　表 9-1

地点内容		控制中心		车站控制室				备注
		监视	操作	监控工作站		综合后备盘		
				监视	操作	监视	操作	
系统或设备	隧道风系统设备	×	×	×	×			
	车站大系统设备	×		×	×			
	水系统	×		×	×			机组、差压阀和二通阀
	车站小系统设备	×		×	×			
	空气参数	×		×				
	给排水系统	×		×				
	照明系统	×		×			×	
	电扶梯系统	×		×		×	×	
	屏蔽门系统	×		×		×	×	
	人防门	×		×				
	事故（应急）电源	×		×				
	火灾自动报警系统	×		×		×		
	自动售检票系统	×		×		×		

续上表

地点内容		控制中心		车站控制室				备注
		监视	操作	监控工作站		综合后备盘		
				监视	操作	监视	操作	
功能	隧道风系统灾害模式	×	×	×	×	×	×	
	车站风系统灾害模式	×		×	×	×	×	
	时间表	×	×	×	×			
	操作源	×		×	×	×	×	控制中心(OCC)与车站控制室(SCR)操作切换由 SCR 完成,综合后备盘与人机界面的切换由综合后备盘完成
	系统其他参数	×	×	×	×			

单元 9.3　车站环境与设备监控系统特性

环境与设备监控系统具有实时性、可靠性和可维护性。

一、实时性

环境与设备监控系统的实时性指标包括如下：
(1) 人机界面的页面动态点刷新周期。
(2) 网络延迟。
(3) 可编程逻辑控制器系统处理时间(CPU 扫描周期,控制网延迟)。
(4) 子系统数据更新周期(与数据量、协议和速率有关)。

二、可靠性

环境与设备监控系统的可靠性设计包括如下几个方面：
(1) 系统整体结构为分层分布式集散型结构。
(2) 监控层热备双局域网。
(3) 中央服务器冗余配置。
(4) 人机界面互为冗余。
(5) MCP 的后备操作功能。
(6) 不间断电源系统。

(7)I/O、报警、趋势服务器冗余配置。
(8)主控可编程逻辑控制器(冗余配置)。
(9)火灾自动报警系统双路径集成。
(10)程序设计中的防错和纠错措施等。

三、可维护性

环境与设备监控系统的可维护性设计包括以下几个方面：
(1)标准的数据接口和物理接口。
(2)标准的设备及线缆。
(3)通用的计算机及其外围设备。
(4)通用的计算机操作系统。
(5)故障诊断和决策支持。
(6)用户友好的人机界面体系。
(7)可编程逻辑控制器无源背板总线，使得所有模块均可带电插拔。
(8)可编程逻辑控制器的CPU故障处理。
(9)可编程逻辑控制器系统故障诊断。
(10)较完善的备品备件计划。

单元9.4 车站环境与设备监控系统运行基本原则

一、监控操作优先级

1. 监控操作源优先级

监控操作源有OCC监控工作站(简称OCC/OS)、SCR监控工作站(简称SCR/OS)、SCR的综合后备盘、设备就地控制箱。优先级原则是越靠近底层的(距离设备越近的)操作源其优先级越高。根据这个原则，上述监控操作源优先级顺序关系见表9-2。

监控操作源优先级顺序关系   表9-2

编号	优先级(↑)	名称	操作地点	实现方式
A1	1	就地控制箱	就地控制箱	手/自动转换开关,电气方式
A2	2	综合后备盘	车控室	使能钥匙开关,逻辑判断
A3	3	SCR/OS	车控室	人机界面画面切换按钮,逻辑判断
A3	3	OCC/OS	控制中心	—

2. 系统运行工况优先级

系统运行工况有4种：B1,异常工况；B2,阻塞工况；B3,正常工况；B4,停机工况。

火灾工况优先级最高,正常工况优先级最低。

二、灾害工况控制优先级

异常工况和阻塞工况统称为灾害工况。结合监控操作源和工况,优先级组合情况见表 9-3。系统灾害工况控制优先级的判断原则是先判断操作源,后判断工况。

优先级组合情况 表 9-3

编号	优先级(↑)	说明	操作地点	备注	级别
A1	1	单台设备就地控制	就地控制箱	(就地操作)	就地级
A2B1	2	综合后备盘火灾模式控制	车控室综合后备盘	(异常工况)	综合后备盘级
A2B2	3	综合后备盘阻塞模式控制	车控室综合后备盘	(异常工况)	综合后备盘级
A3B1	3	车站控制室火灾模式控制	车控室监控工作站	(一般火灾自动报警系统联动)	车站系统级
A3B2	5	车站控制室阻塞模式控制	车控室监控工作站	(一般火灾自动报警系统联动)	车站系统级
A3B1	7	控制中心火灾模式控制	控制中心监控工作站	(一般环控调度员操作)	控制中心系统级
A3B2	8	控制中心阻塞模式控制	控制中心监控工作站	(一般环控调度员操作)	控制中心系统级

三、正常工况控制优先级

正常工况下对设备的控制有手动控制、自动控制和时间表控制 3 种方式。

手动操作在任何时候均有效,即手动操作随时可以打断时间表或自动控制方式。当操作人员对某系统中某一设备进行手动操作后,则该系统自动进入手动控制状态,不受时间表和自动控制的限制,并且该系统其他设备均保持控制方式转换前的运行状态。

并非所有系统都具有上述 3 种控制方式,具体见表 9-4。

系统控制方式 表 9-4

系统名称	控制方式			备注
	手动(遥控)	时间表	自动	
隧道通风系统	×	—	×	—
车站大系统	×	×	×	焓值计算空调工况
车站空调水系统	×	×	—	运营时间决定是否允许空调水系统投入运行; 空调工况决定水系统是否运行; 冷负荷计算决定机组运行台数
车站小系统	×	×	×	焓值计算空调工况
给水系统	×	×	—	
排水系统	×	×	—	水位决定泵的运行和数量
照明系统	×	—	×	—

单元 9.5　车站环境与设备监控系统的时间表机制

时间表是环境与设备监控系统控制某些工艺系统或设备的一种方式。通常情况下,时间表的定义由环控调度员在控制中心统一编辑定义完成,下载至各个车站主控可编程逻辑控制器,系统允许各车站对本站的时间表做在线局部调整。

一、时间表类型

时间表分为工作日(周一至周五)时间表、周末(周六、周日)时间表和特殊(节假日或特殊日)时间表3种,如图9-4所示。

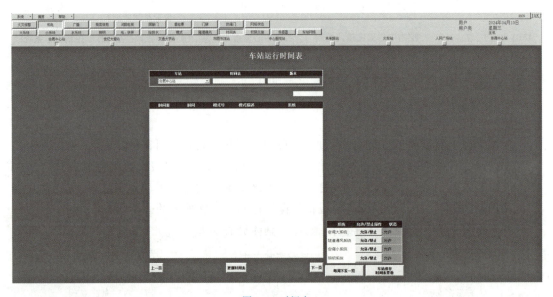

图9-4　时间表

基于上述3种分类,时间表有当前时间表和预置时间表两种。当前时间表是指系统目前正在运行的时间表,而预置时间表是用户预先定义,系统根据用户定义的生效日将预置时间表转为当前时间表。

综上所述,共有5种时间表,即当前工作日时间表、当前周末时间表、预置工作日时间表、预置周末时间表和特殊时间表。其中,工作日时间表和周末时间表具有周期性特点,而特殊时间表不具备周期性。

二、时间表和其他控制方式的关系

在正常工况下,如果某个系统的当前时间表不存在,在非手动控制情况下,有自动控制功能的系统将自动根据系统参数设置情况和状态参数的检测情况运行,而对于无自动控制功能的系统,此时间表将停止运行。

单元9.6 车站环境与设备监控系统设备监控

典型地下车站监控对象主要包括车站通风空调系统、给排水及消防系统、动力照明系统、综合监控系统不间断电源、电梯及自动扶梯等系统设备。

车站通风空调设备一般分别设于车站的两端,与此对应两端通风空调电控室,环境与设备监控系统将两端的显示量与控制量汇总,实现中央级、车站级两级集中控制管理。空调通风系统包括车站公共区(站台、站厅)通风空调系统(包括防排烟系统,简称车站大系统)、车站设备管理用房通风空调系统(包括防排烟系统,简称车站小系统)、区间隧道通风系统(兼事故通风系统)和冷冻/冷却水系统(简称空调水系统)。

一、隧道通风系统监控

隧道通风系统包括区间隧道通风系统和车站隧道通风系统。区间隧道通风系统的监控对象包括隧道风机(TVF)、射流风机(SLFJ)、电动组合式风阀、立转门等;车站隧道通风系统的监控对象包括隧道风机、相关风阀。

1. 工况原则

区间隧道通风系统进行中央级控制、车站级控制和就地级控制。中央级下达运行模式指令到车站级,由车站级实现对区间隧道通风系统设备的模式控制,控制操作以中央级控制为主,就地级控制具有优先权。

区间和车站隧道通风系统运行分为正常运行、阻塞运行和火灾事故运行3种工况。由系统根据预先设定的时间表或具体事故情况来执行不同的运行模式,同时可以通过计算机进行人工干预。可设定每个通风单元(包括风机和风阀)的运行,也可以随时改变风机和风阀的运行状态并由各现场控制单元立即执行。人工操作通过一定的操作权限认可才能进行。

2. 正常运行状态

区间隧道通风系统的正常运行模式是根据城市轨道交通运营的时间,由系统预先设定的时间表来控制不同的运行模式。模式的启停时间主要依据城市轨道交通运营开始及停止的时间和日期,具体分为早间运行、夜间运行和正常运行。

(1)早间运行

早间运营前,根据系统的时间表功能,区间隧道通风系统进行半小时(可调整)的纵向机械通风。此时,车站隧道通风系统关闭,区间隧道设有区间活塞风机时活塞风井也关闭。通风完毕后进入正常运行。

(2)夜间运行

夜间收车后,根据系统的时间表功能,区间隧道通风系统进行半小时(可调整)的纵向机械通风,排除隧道中的废气和余热余湿。此时,车站隧道通风系统关闭,区间隧道设有区间活塞风井时活塞风井也关闭。通风完毕后打开所有风道内风阀,利用自然通风的方式进行通风换气。

(3)正常运行

在空调季或非空调季利用列车活塞风作用携带车站气流冷却隧道,新风由车站出入口和设在车站或区间的活塞风井靠列车活塞作用补入。

3. 阻塞运行状态

当列车因故障或其他原因而停在区间超过设定的时间时,中央级下达运行模式指令到车站级,车站级控制通风系统设备进行区间隧道通风模式控制。从而控制隧道内温度,保证列车空调冷凝器在正常的工作范围内。

4. 火灾事故运行状态

综合监控系统根据信号系统提供的列车位置信息和司机报告的火灾情况,采取相应的运行模式,保证乘客的安全疏散。列车司机尽量将着火列车驶入前方车站,利用前方车站的隧道通风系统进行排烟;当着火列车停在区间隧道时,按预定的隧道内火灾模式运行。

二、车站大系统和车站小系统监控

车站送、排风机可自动开启表冷器、过滤器、空气净化器、电动组合风阀、电动风量调节阀、小系统空调机组、小系统风机等。

1. 车站大系统运行(图9-5)

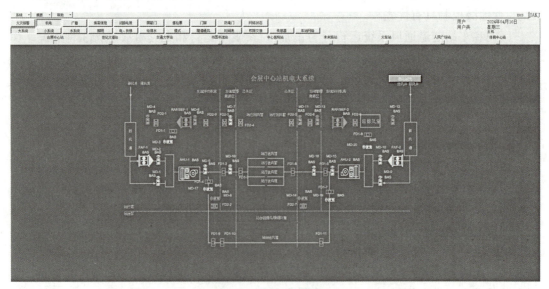

图9-5 车站大系统运行

(1)空调季节小新风工况

采用小新风空调运行,用小新风加一次回风运行。

(2)空调季节全新风工况

采用全新风空调运行,空调器处理室外新风后送至空调区域,回/排风则全部排至车站外。

(3)非空调季节工况

当外界空气温度小于空调送风温度时,停止冷水机组运行,外界空气不经冷却处理直接送至空调区域,回/排风则全部排出车站。

(4)夜间运行工况

夜间收车后停止车站大系统的运行,关闭其相应冷冻水管路。车站小系统视具体工艺要求而定。

(5)突发客流工况

当突发性客流、区间阻塞、线路故障及其他原因引起车站乘客过度拥挤时,车站大系统空调设备根据实际情况按当时季节正常运行的满负荷状态运行。

(6)火灾事故运行工况

①当车站公共区发生火灾时,立即停止车站大系统空调水系统,转换到车站大系统火灾模式。

②当站台层发生火灾时,站台排烟系统和车站隧道通风系统进行排烟。

③当站厅层发生火灾时,开启车站两端排烟风机,关闭站台层通风系统,利用站厅层集中排口和排风管进行排烟。

2. 车站小系统运行

设有通风空调系统的设备管理用房,当采用全空气系统方式空调时,空调系统采用车站大系统的方式进行控制;当采用风机盘管加新风进行空调时,空调季节利用盘管加新风进行空调,非空调季节只送新风和排风。对只设通风系统的设备及设备管理用房,全年按设定的通风模式进行。

火灾事故运行工况包括如下:

(1)当车站设备管理用房发生火灾时,对应区域的车站小系统立即转入设定的火灾模式运行,即根据车站小系统的形式立即排除烟气或隔断火源和烟气。

(2)当车站公共区发生火灾时,应立即停止车站空调水系统,转换车站大系统进入火灾模式。

(3)当站厅层发生火灾时,站厅排烟系统进行排烟,关闭站厅层送风及站台层送、排风,新风将通过站厅从出入口引入站厅,乘客将迎着新风方向从出入口疏散至地面。

(4)当站台层发生火灾时,利用站台排烟系统将烟气经风井排至地面,为保证站厅、站台连通口处有一定风速向下,此时站台门将被打开,利用区间隧道通风系统加强排烟,乘客将迎着新风方向从站台与站厅的连接楼梯,经站厅疏散到地面。

车站设备管理用房防排烟系统主要有以下3类:

(1)对于气体灭火系统保护范围内的房间:当火灾自动报警系统确认发生火灾时,由气体灭火系统首先控制关闭该保护区的送、排风管上的电动防火阀,然后喷洒灭火气体,待达到设计要求的淹没时间后消防人员进入保护区内确认已灭火,再将通风系统转换到相应的排除灭火气体模式,并恢复至正常通风空调模式。

(2)对于建筑面积过大的房间:当火灾自动报警系统确认某房间发生火灾时,消防联动控制系统将服务于该房间的通风空调系统转换到相应的预定排烟模式,同时房间外的内走道排烟系统(按规范要求设置)和楼梯间、车控室加压送风系统将被启动,消防人员进入该着火区域,利用有关消防灭火设备进行灭火。

(3)对于建筑面积较小的房间:重要房间及规范要求有熔断式防火阀实施防火隔断。当发生火灾时,着火房间外的走道如设置有机械排烟系统和楼梯间加压送风系统将被启动,实施走道排烟,消防人员进入着火区域利用消防设备进行灭火。

三、给排水系统监控

给排水系统在车站、区间隧道、出洞口、出入口、敞开风亭及局部低洼处均设有水泵。环境与设备监控系统的监视对象为排水泵、污水泵、水位等,需要监视水泵状态、故障显示与报警、水位等信息。平时一用一备,必要时,两台排水泵同时工作。车站给排水系统监控界面如图9-6所示。

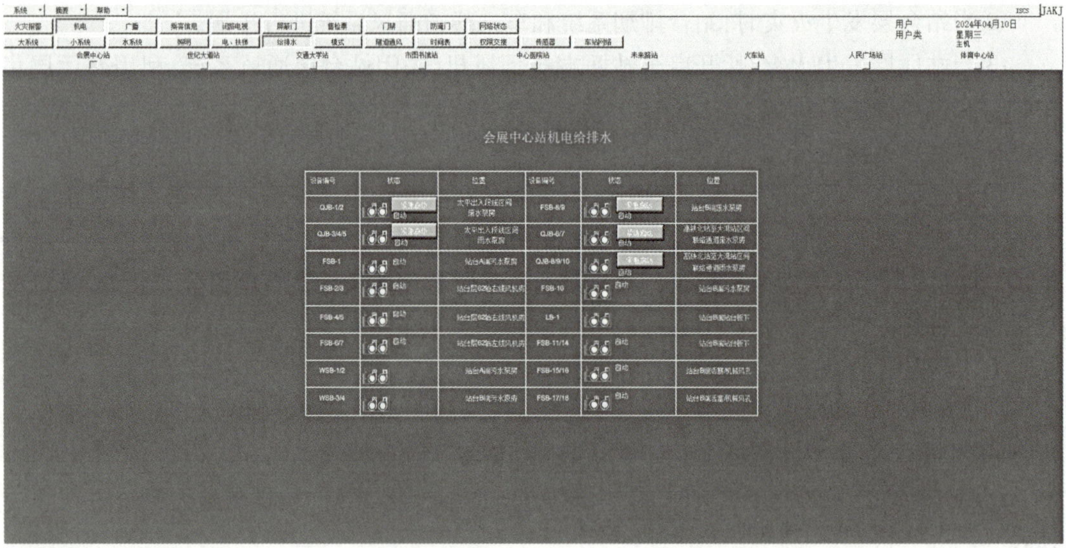

图9-6 车站给排水系统监控界面

车站给排水系统监控起、停泵液位信号及高、低水位报警信号在车控室显示,高、低水位报警信号在车控室有报警,水泵工作状态(每台水泵的运行、停止状态信号)、故障显示与报警等。

车站给排水系统监控控制方式可以分为就地液位自动控制、就地手动控制和远程干预控制3种。其中,远程干预控制为紧急状态下的启停控制方式,优先于其他控制方式,并启动泵房的全部水泵。

四、其他机电设备的监控

1. 电梯及自动扶梯监控

电梯及自动扶梯监控包括对电梯及自动扶梯的运行状态、停止状态、检修状态、警铃呼叫、电梯故障、消防使用情况等进行监控,但不进行控制,如图 9-7 所示。

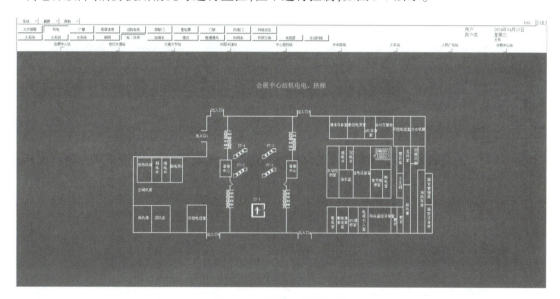

图 9-7　电梯及自动扶梯监控

2. 动力照明监控

动力照明监控包括对公共区工作照明、公共区节电照明、区间疏散指示、区间照明、广告照明、地徽/地面厅照明等进行监控,如图 9-8 所示。

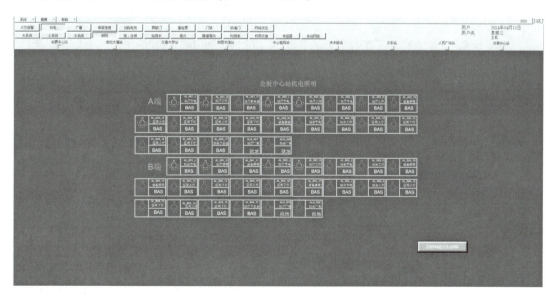

图 9-8　动力照明监控

3. 应急照明电源监控

应急照明电源监控包括对进线双回路自投、馈线监测、电池检测、充电检测、旁路供电状态、逆变供电状态等进行监控。

4. 导向标志系统监控

根据导向标志系统要求监控导向标志系统,如控制导向回路开关、接收导向回路开关状态、手自动状态等。

单元 9.7　车站环境与设备监控系统运行模式

环境与设备监控系统按照线路的运行模式一般可分为正常运行模式和灾害运行模式,如图 9-9 所示。其中,正常运行模式按照运行时间可分为白天运行和夜间运行模式,按照运行季节可分为过渡季节运行模式和空调季节运行模式。

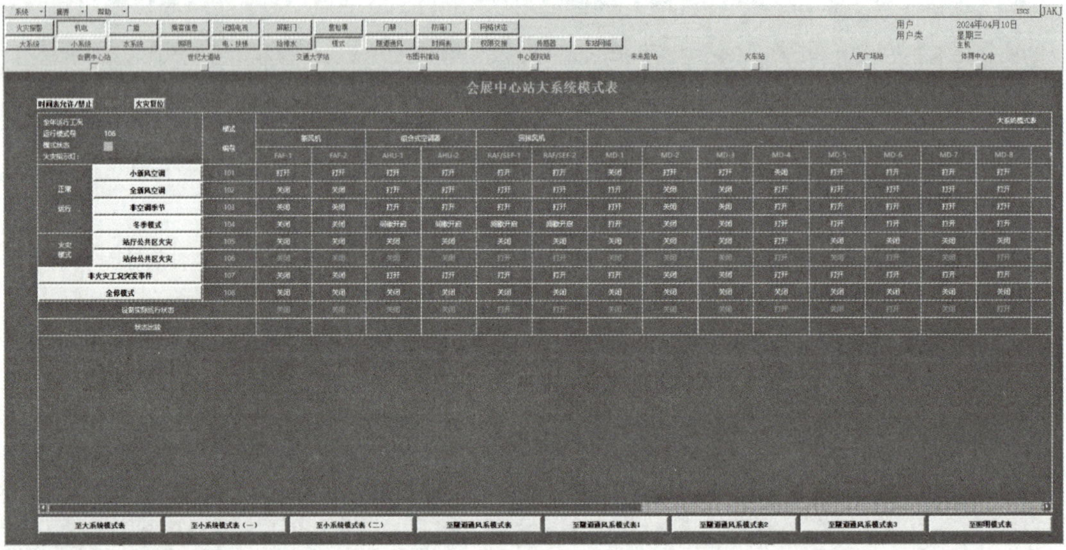

图 9-9　环境与设备监控系统运行模式

一、正常运行模式

在正常运行模式下,环境与设备监控系统主要负责对地下线路车站机电设备的自动化监控:

(1) 按照季节(温度)模式对车站通风空调设备实施节能化管理,根据设置在现场的温、湿度等各类传感器的测量值,计算并判断现场的环境情况,控制现场机电设备按照相对适当的末端负荷运行,有效地控制现场空调通风、送排风等设备,为乘客提供舒适的乘车环境。

(2)按照时间模式(早、中、晚、夜间)对车站照明进行自动监控和节能管理。另外,还包括日常情况下对给排水系统各类水泵/水位的监视、车站应急照明电源、对电梯及自动扶梯等设备的状态、故障监视,并能够按照既定的时间周期,实时将现场采集的各类数据分组上传至车站级、中央级,使车站级值班人员和控制中心中央级指挥调度员能够及时地掌握现场设备的运行及各类故障情况,作出相应的处理办法。

二、灾害运行模式

火灾自动报警系统在火灾模式下,能够将火灾情况下的模式控制指令直接下发给环境与设备监控系统。环境与设备监控系统能够及时响应灾害模式指令,控制现场通风空调、机电设备转入相应的灾害运行模式。紧急情况下,环境与设备监控系统可直接通过设在车控室紧急手动综合后备盘上的模式按钮完成灾害模式下的工况转换。综合后备盘作为车站综合监控系统的后备,具有最高操作权限。

前沿技术 城市轨道交通车站环境与设备监控系统领域的新技术、新应用

1. 物联网技术的应用

物联网技术通过将各种设备连接到网络中,实现设备之间的信息共享和远程控制。在城市轨道交通车站环境与设备监控系统中,物联网技术可以帮助实现设备的智能化管理和控制,提高系统的自动化和智能化水平。

2. 大数据分析技术的应用

大数据分析技术可以对大量的数据进行处理和分析,提取其中有价值的信息。在城市轨道交通车站环境与设备监控系统中,大数据分析技术可以帮助分析设备的运行状态和故障模式,预测设备的使用寿命和维护需求,提高系统的可靠性和稳定性。

3. 云计算技术的应用

云计算技术可以将各种资源虚拟化,实现资源的共享和按需使用。在城市轨道交通车站环境与设备监控系统中,云计算技术可以提供弹性的计算和存储资源,满足系统的灵活扩展和高效运行需求。

4. 人工智能技术的应用

人工智能技术可以通过机器学习和深度学习等方式,实现对复杂数据的处理和分析。在城市轨道交通车站环境与设备监控系统中,人工智能技术可以用于设备的故障诊断和预测维护,提高维修效率和系统可靠性。

5. 集成化、模块化设计

集成化、模块化设计可以将多个功能模块集中到一个系统中,实现系统的紧凑和高效。在城市轨道交通车站环境与设备监控系统中,集成化、模块化设计可以提高系统的可维护性和可扩展性,方便系统的升级和维护。

6. 节能环保设计

随着环保意识的增强,节能环保设计在城市轨道交通车站环境与设备监控系统中越来越受到重视。节能环保设计可以帮助降低系统的能耗和排放,减少对环境的影响。

7. 无线通信技术的应用

无线通信技术可以实现设备的远程监控和控制，减少线缆的使用和维护成本。在地铁车站环境与设备监控系统中，无线通信技术可以提高系统的灵活性和可靠性，方便设备的远程管理和控制。

【典型任务 9-1】 车站环境与设备监控系统认知

1. 任务描述

(1) 熟练说出车站环境与设备监控系统的主要功能。

(2) 了解车站环境与设备监控系统的主要监控对象及监控内容。

(3) 利用车站级环境与设备监控系统，实时掌握各监控对象的状态。

2. 任务实施

(1) 将授课班级学生分组，每 5~8 人为一个学习小组。

(2) 实地调研或网络查阅所在城市地铁某条线路使用的车站环境与设备监控系统，把车站级环境与设备监控系统的主要功能汇总在本教材附表 9-1 "典型任务实训工单"的表 A 中。

(3) 利用学校实训室的车站级综合监控系统工作站和综合后备盘，分小组操作，总结车站环境与设备监控系统的主要监控对象及监控内容，汇总在本教材附表 9-1 "典型任务实训工单"的表 B 中。

复习思考题

一、选择题

1. 环控系统控制设施就地级控制优先级别(　　)于车站级控制优先级别。
   A. 高　　　　　B. 中　　　　　C. 低　　　　　D. 等

2. 环控系统控制设施中央级控制优先级别(　　)于车站级控制优先级别。
   A. 高　　　　　B. 中　　　　　C. 低　　　　　D. 等

3. 人防门系统主要的监控对象是(　　)的状态。
   A. 站厅层　　　　　　　　　　B. 站台层
   C. 各车站乘客资讯系统显示屏　　D. 各地下车站人防门

4. 乘客资讯系统乘客资讯主要监控对象是(　　)的状态。
   A. 站厅层　　　　　　　　　　B. 站台层
   C. 各车站乘客资讯系统显示屏　　D. 各地下车站人防门

二、判断题

1. 系统中央级设于控制中心中央控制室(OCC)，由 OCC 的环境调度员负责监控，负责监视全线环控设备的状态和全线的环境状况并向各站发布控制命令，定时记录设备运行状态，记录车站温、湿度等原始数据。　　　　　　　　　　　　　　　　　　　　(　　)

2. 越靠近底层的(距离设备越近的)操作源,其优先级越高。　　　　　(　　)

3. 车站环境与设备监控系统的时间表分为工作日时间表、周末时间表和特殊时间表3种。　　　　　　　　　　　　　　　　　　　　　　　　　　　(　　)

三、简答题

1. 环境与设备监控系统的管理控制有哪些?

2. 环境与设备监控系统运行模式有哪些?

3. 当车站发生火灾时应如何处理?

附录 1

城市轨道交通行业常用术语的中英文对照

一、地铁专业术语

英文简称	英文全称	中文全称
AFC	Auto Fare Collection	自动售检票
ATC	Automatic Train Control	列车自动控制
ATO	Automatic Train Operation	列车自动运行
ATP	Automatic Train Protection	列车自动防护
ATS	Automatic Train Supervision	列车自动监控
BAS	Building Automation System	环境与设备监控系统
BCC	Backup Control Center	备用控制中心
FAS	Fire Alarm System	火灾自动报警系统
ISCS	Integrated Supervision and Control System	综合监控系统
MMI	Man Machine Interface	人机接口
OCC	Operated Control Center	控制中心
PIIS	Passenger Information and Indication System	旅客向导系统
PIS	Passenger Information System	乘客信息系统
SCADA	Scan Control Alarm Database	供电系统管理自动化
SSS	Subway Station Subsystem	车站子系统
TIMS	Train Integrated Management System	列车综合管理系统
TCMS	Train Control & Monitoring System	列车控制和监控系统
EOD	Equipment Operating Data	设备运行参数

二、自动售检票专业系统

英文简称	英文全称	中文全称
CPS	Central Processing System	中央计算机系统
CSC	Contactless Smart Card	非接触智能卡
CST	Contactless Smart Token	非接触智能筹码
IDC	Intermodality Data Center	清算数据中心

续上表

二、自动售检票专业系统		
英文简称	英文全称	中文全称
SPS	Station Processing System	车站计算机系统
PIN	Personal Identification Number	个人身份号码
TVM	Ticket Vending Machine	自动售票机
BOM	Booking Office Machine	半自动售票机
PVU	Portable Verifying Unit	便携式验票机
AG	Auto Gate	自动检票机闸机
三、火灾报警专业系统		
英文简称	英文全称	中文全称
FAC	Fire Advisory Council	消防专项合格证书
GCC	Graphic Control Computer	图形监视计算机
四、环境监控专业系统		
英文简称	英文全称	中文全称
EMCS	Electrical and Mechanical Control System	车站设备监控系统
ECS	Environment Control System	环境控制系统
DDC	Direct Digital Controller	数字直接控制器
PLC	Programmable Logic Controller	可编程逻辑控制器
五、综合监控专业系统		
英文简称	英文全称	中文全称
BISCS	Backup ISCS	备用综合监控系统
CISCS	Central ISCS	中央综合监控系统
FEP	Front End Processor	前端处理器
HMI	Human Machine Interface	人机界面
SISCS	Station ISCS	车站综合监控系统
六、技术术语		
英文简称	英文全称	中文全称
API	Application Programming Interface	应用程序接口
EMC	Electro Magnetic Compliance	电磁兼容性
FTP	File Transfer Protocol	文件传输协议
ISDN	Integrated Services Digital Network	综合业务数字网
LAN	Local Area Network	局域网
MCBF	Mean Cycles Between Failure	运行设备两次损坏之间的次数
MTBF	Mean Time Between Failures	平均无故障运行时间

续上表

六、技术术语		
英文简称	英文全称	中文全称
MTTR	Mean Time To Repair	维修耗时平均值
OTN	Open Transport Network	开放传输网络
PSTN	Public Switched Telephone Network	公用电话交换网
TCP/IP	Transmission Control Protocol/Internet Protocol	传输控制/网络协议
UPS	Uninterrupted Power Supply	不间断电源供给
WAN	Wide Area Network	广域网
ACC	AFC Clearing Center	城市轨道交通 AFC 清算管理中心
AE	Assistant Equipment	辅助设备
AFC	Automatic Fare Collection	自动售检票
AGM	Automatic Gate Machine	自动检票机、闸机
BOM	Booking Office Machine	半自动售票机
CAD	Card Acceptance Device	卡读写设备
DCU	Door Control Unit	闸门控制单元
ECU	Equipment Control Unit	主控制单元
E/S or ES	Encoder/Sorter	编码分拣机
GUI	Graphical User Interface	图形用户界面
ID	IDentification	身份
ISAM	Issuing SAM	发行 SAM 卡
LC	Line Center	线路中央计算机系统
MTP	Maintenance Panel	维修面板
OCT	One Card Through	一卡通
PTCM	Portable Ticket Check Machine	便携式检票机
SAM	Security Access Module	安全存取模块
SC	Station Computer	车站计算机系统
SVT	Stored Value Ticket	储值票
TC	Training Center	培训中心计算机系统
TCM	Ticket Check Machine	自动查询机
TCU	Ticket Capture Unit	车票回收模块
TIU	Ticket Issue Unit	车票发售模块
TMS	Ticket Management System	票务管理系统

附录 2

本教材配套视频及动画资源清单

二维码编号	模块—单元	页码	资源名称	资源类别
二维码 1	模块 2—单元 2.3	第 26 页	站厅付费区与非付费区的划分	二维动画
二维码 2	模块 2—单元 2.3	第 30 页	车站闸机开启与关闭的操作	视频
二维码 3	模块 2—单元 2.3	第 35 页	TVM 纸币模块设备的基础操作	视频
二维码 4	模块 2—单元 2.3	第 35 页	TVM 硬币模块设备的基础操作	视频
二维码 5	模块 2—单元 2.3	第 35 页	TVM 票卡设备的基础操作	视频
二维码 6	模块 2—单元 2.3	第 36 页	TVM 开机与关机的基础操作	视频
二维码 7	模块 3—单元 3.3	第 61 页	电梯发生故障时的救援(1)	二维动画
二维码 8	模块 3—单元 3.3	第 61 页	电梯发生故障时的救援(2)	二维动画
二维码 9	模块 3—单元 3.3	第 61 页	电梯发生故障时的救援(3)	二维动画
二维码 10	模块 3—单元 3.3	第 61 页	电梯与自动扶梯发生故障时的应急救援	二维动画
二维码 11	模块 3—单元 3.5	第 69 页	车站车控室自动扶梯控制设备开启与停止的操作	视频
二维码 12	模块 4—单元 4.2	第 80 页	屏蔽门门体主要部件	二维动画
二维码 13	模块 4—单元 4.2	第 82 页	屏蔽门障碍物探测	二维动画
二维码 14	模块 4—单元 4.2	第 82 页	屏蔽门(滑动门)的手动操作	二维动画
二维码 15	模块 4—单元 4.2	第 82 页	端门的手动开门	二维动画
二维码 16	模块 4—单元 4.3	第 86 页	车站按钮屏蔽门的开关	视频
二维码 17	模块 4—单元 4.3	第 88 页	人工开启屏蔽门的操作	视频
二维码 18	模块 4—单元 4.6	第 96 页	站台门玻璃破碎的处理	二维动画
二维码 19	模块 5—单元 5.1	第 104 页	灭火器设备的操作	视频
二维码 20	模块 5—单元 5.2	第 108 页	消防设备的使用	视频

附录 3
"城市轨道交通车站设备"课程参考标准

一、前言

1. 课程性质

本课程是高职高专城市轨道交通运营管理专业的专业核心课程,其目标:培养学生正确使用车站机电设备(包括站台门、火灾自动报警系统、自动扶梯、环控系统、低压配电及照明、机电设备监控系统等)的方法,为乘客提供安全、舒适、快捷、便利的乘车环境;能够判断车站设备的常见故障并进行处理,并做好车站设备的基本养护;在非正常情况下,能综合运用车站设备,组织列车安全运行和组织乘客紧急疏散。

2. 设计思路

本课程的总体设计思路:紧密结合城市轨道交通运营管理专业的人才培养方案,以"基于工作过程"为指导,校企合作,共同进行课程建设和课程教学;打破以知识传授为主要特征的传统学科课程模式,转变为以工作任务为中心组织课程内容,并将职业素质培养、职业资格考证标准融入课程,实施"教、学、做"一体化法和过程性评价方法,以此提升学生的职业能力和职业素养。

在课程内容设计上,邀请行业专家对城市轨道交通运营管理专业的专业背景、专业所涵盖的岗位群进行工作任务和职业能力分析,以及支撑专业核心能力的课程分析,并以此为依据确定本课程的工作任务和课程内容。

在课程编排上,本课程面向城市轨道交通站务类岗位工作职责所涉及的主要车站设备,包括自动售检票设备、电梯与自动扶梯、站台门、消防设备、给排水设备、暖通空调设备、低压配电与照明设备等。围绕这些设备的结构、原理等理论知识和岗位必备技能要求,设计若干个项目,再将每个项目具体、细化,划分为若干个学习情境。项目编排的思路是由简单到复杂,而每个项目学习情境则是按照实际工作过程进行编排。

在课程教学方法和教学手段设计上,以任务组织教学,并让学生在完成具体任务的过程中学会完成相应工作任务,根据高职高专院校学生的认知规律和知识基础,实施情境化教学和理实一体化教学,利用运营管理实训基地,使学生做到"学中做、做中学",并以此锻炼学生自主探索、合作学习的能力。

在教学效果考核上,采取过程评价与结果评价相结合的方式,重点考核学生的职业能力。

二、课程内容和要求

根据专业课程目标和涵盖的工作任务要求,确定课程内容和要求,说明学生应获得的知识、技能与态度。

根据以上课程的设计思路,现将课程教学设计的项目、学习情境以及对应的课时数,列表如下。

序号	工作任务	知识要求	技能要求	参考学时
1	城市轨道交通车站设备概述	(1)理解城市轨道交通车站的定义。(2)掌握城市轨道交通车站的具体功能及分类。(3)掌握城市轨道交通车站的设备配置原则	(1)能识别城市轨道交通车站的类型。(2)能根据实际城市轨道交通车站布局图,按照设备配置原则,正确进行车站设备的配置	4
2	自动售检票系统	(1)了解自动售检票系统业务管理程序。(2)掌握自动售检票系统的系统构架。(3)认识自动售检票系统的终端设备。(4)认识电子车票	(1)能运用自动售检票系统设备,完成城市轨道交通车站票务设备开启并做好检查工作。(2)能完成使用半自动售票机和自动售票机售票作业,监护自动检票机检票作业,辅助乘客完成购票、进站、出站和票卡异常作业及各种票务报表的填写作业。(3)能根据城市轨道交通票务间歇/换班的规定,进行票卡、票款和发票等结转作业,闭站后的清票、票务盘点等工作	8
3	电梯与自动扶梯	(1)了解车站电梯、自动扶梯的作用和设置要求。(2)掌握电梯的基本结构和原理。(3)了解自动扶梯的构造和原理	(1)能正确进行电梯及自动扶梯的开关机操作。(2)能进行日常电梯的维护作业。(3)能进行电梯简单故障时的应急操作。(4)能正确进行自动扶梯的开关机操作。(5)能进行日常自动扶梯的维护作业	10
4	站台门系统	(1)掌握站台门系统的概念、分类及其功能。(2)了解站台门系统的机械结构。(3)掌握站台门控制及监视系统的结构原理。(4)掌握站台门常见故障的处理办法	(1)能正确进行站台门日常开关机操作。(2)能及时处理站台门的简单故障,并组织好乘客,降低故障对运营系统的影响范围	10

续上表

序号	工作任务	知识要求	技能要求	参考学时
5	车站消防系统	(1)了解城市轨道交通火灾特征。 (2)掌握城市轨道交通车站火灾自动报警系统组成。 (3)掌握气体灭火系统的灭火原理与特点。 (4)掌握车站站厅公共区火灾应急处理程序	(1)能正确使用灭火器材。 (2)能及时处理车站火灾,组织好乘客的疏散工作	8
6	车站给排水系统	(1)掌握车站给排水系统的组成及分类。 (2)熟悉车站给排水系统的主要设备。 (3)掌握车站给排水系统日常巡检	会对车站给排水系统出现的应急情况进行处理	4
7	车站暖通空调系统	(1)掌握车站暖通空调系统的分类与组成。 (2)掌握车站空调水系统的运行原理。 (3)掌握车站暖通空调系统的控制方式。 (4)了解车站暖通空调系统的常见设备。 (5)能分析特殊情况下暖通空调系统设备的运行	(1)能正确识别暖通空调各种设备。 (2)掌握暖通空调系统设备的组成与维修、故障分析与处理	8
8	车站低压配电与照明系统	(1)掌握低压配电系统的构成及分布。 (2)掌握低压配电系统负荷分类及供电方式。 (3)掌握照明系统的配电方式和控制方式。 (4)着重掌握照明系统的事故照明工作原理及作用。 (5)掌握低压配电日常巡视注意事项。 (6)了解低压开关柜的基本结构与使用	(1)能进行日常低压配电及照明系统的操作。 (2)能在简单故障发生后及时处理照明系统,以保证正常运营	6
9	车站环境与设备监控系统	(1)掌握环境与设备监控系统构成。 (2)掌握中央级控制系统的基本功能。 (3)掌握车站级控制系统的基本功能。 (4)了解设备监控系统主要的监控内容	(1)能操作设备综合监控系统软件进行日常操作。 (2)能操作设备综合监控系统软件进行应急处理,保证正常运营	6
		合计		64

三、实施建议

1. 教学条件

（1）软硬件条件

配备典型城市轨道交通车站沙盘、电梯与自动扶梯实训模型（真实设备）、站台门设备（包括控制系统、门机系统、电源系统等三部分）、火灾自动报警系统教学设备、环控系统教学设备等。

（2）师资条件

打造一支职称结构、学历结构、年龄结构、专兼比例合理的课程教学"双师"结构师资队伍。主讲教师具有硕士以上学历和中级以上职称，能综合实施项目教学法、任务驱动法、引导文法等各种行动导向教学法，能较好地掌握计算机技术与网络技术等新知识、新技能，并具有相关职业资格技能证书，动手能力强；辅助教师应具有较强的职业技能，具有较丰富的企业一线工作经验。

2. 教学方法

（1）贯彻"以学生为中心"的教学理念，实施行动导向教学方法，组织学生以小组形式，在教师的引导下完成项目，达到专业知识学习和专业技能训练的目的。

（2）创造学习环境，创设有利于学生对知识意义构建的教学情境，在教学情境下促使学生能够独立思考、共同探索、协作完成，使教师从知识传授者的角色转为学生学习过程的组织者、咨询者和指导者，使教学过程向学生自觉学习过程转化。

（3）每项工作任务完成后，各小组应提交一份成果报告。

3. 教学评价

（1）改革传统的学生评价手段和方法，采用过程性评价与目标评价相结合、项目评价、理论与实践一体化评价模式。

（2）关注评价的多元性，结合课堂提问、学生作业、平时测验、项目考核、技能目标考核作为平时成绩，占总成绩的50%；理论考试和实际操作作为期末成绩，占总成绩的50%，其中理论考试占30%，实际操作考试占70%。

（3）注重学生动手能力及实践中分析问题和解决问题能力的考核，对在学习和应用上有创新的学生应予以特别鼓励，全面、综合地评价学生能力。

四、参考教材

白继平,仇海兵.城市轨道交通车站设备[M].4版.北京：人民交通出版社,2024.

参 考 文 献

[1] 曲秋蒔,许波.城市轨道交通车站设备[M].3版.北京:人民交通出版社股份有限公司,2022.
[2] 永秀.城市轨道交通车站运作管理[M].3版(修订本).北京:机械工业出版社,2021.
[3] 朱济龙,唐春林.城市轨道交通车站机电设备[M].2版.北京:机械工业出版社,2016.
[4] 韩兰英,杨金凤.城市轨道交通车站设备[M].上海:上海交通大学出版社,2019.
[5] 交通运输部.交通运输部印发《城市轨道交通自动售检票系统运营技术规范(试行)》[J].城市轨道交通研究,2022,25(7):169.
[6] 汪成林.城市轨道交通设备运用[M].北京:人民交通出版社股份有限公司,2017.
[7] 周静.城市轨道交通车站设备应用[M].北京:高等教育出版社,2019.
[8] 颜景林,孙景冬.城市轨道交通设备与系统[M].北京:科学出版社,2019.
[9] 朱爱华.城市轨道交通设备[M].北京:北京交通大学出版社,2011.
[10] 杨伟帅.城市轨道交通设备系统接口规划与管理[J].城市轨道交通研究,2022,25(4):91-94.
[11] 王晓飞,李志成.基于岗位职业标准的"城市轨道交通车站设备"实践教学研究[J].中国管理信息化,2018,21(7):203-204.

附表 1-1

典型任务实训工单

姓名：_____　　　班级：_____　　　学号：_____

车站分类

一、实训内容　　　　　所在城市某条地铁线路的车站分类　　　　　表 A

地铁企业名称		地铁线路号					
序号	站点名称	高架车站	地面车站	地下车站	岛式站台车站	侧式站台车站	岛侧混合式站台车站
1							
2							
3							
4							
5							
6							
…							

注：填写站点名称并在对应车站分类的框中打"√"。

该线路所有车站按照运营功能分类汇总　　　　　表 B

按照运营功能分类	站点名称
折返站	
换乘站	
枢纽站	
联运站	
终点站	
中间站	

续上表

针对某个车站的具体调研 表 C

分析和阐述的内容	具体内容
车站	
主要功能区的作用	
主要功能区设备的特点和要求	
PPT 制作、汇报的分工情况	

二、实训小结

三、成绩评定

依据实训操作完成情况及职业素养(包括表达能力、沟通能力、团队合作能力、实际操作能力、知识掌握能力)进行评定。

评价等级	实训操作完成情况	职业素养				
		表达能力	沟通能力	团队合作能力	实际操作能力	知识掌握能力
评价结果						

指导教师评语：

学生签字：

日期： 年 月 日

指导教师签字：

日期： 年 月 日

附表 2-1

典型任务实训工单

姓名：_____　　　班级：_____　　　学号：_____

自动售检票系统认知

一、实训内容

企业名称：

地铁自动售检票系统架构图

续上表

二、实训小结

三、成绩评定

依据实训操作完成情况及职业素养(包括表达能力、沟通能力、团队合作能力、实际操作能力、知识掌握能力)进行评定。

评价等级	实训操作完成情况	职业素养				
		表达能力	沟通能力	团队合作能力	实际操作能力	知识掌握能力
评价结果						

指导教师评语:

学生签字:

日期: 年 月 日

指导教师签字:

日期: 年 月 日

附表 2-2

典型任务实训工单

姓名：_____   班级：_____   学号：_____

自动检票机认知

一、实训内容

校内自动售检票系统实训室自动检票机的结构及功能　　　　表A

序号	模块名称	功能

更换票箱操作步骤　　　　表B

项目	操作步骤	注意事项
拆卸票箱		
安装票箱		

续上表

二、实训小结

三、成绩评定

依据实训操作完成情况及职业素养(包括表达能力、沟通能力、团队合作能力、实际操作能力、知识掌握能力)进行评定。

评价等级	实训操作完成情况	职业素养				
		表达能力	沟通能力	团队合作能力	实际操作能力	知识掌握能力
评价结果						

指导教师评语：

学生签字：

日期： 年 月 日

指导教师签字：

日期： 年 月 日

附表 2-3

典型任务实训工单

姓名：_____　　班级：_____　　学号：_____

自动售票机认知

一、实训内容

校内自动售检票系统实训室自动售票机的结构及功能　　　表 A

序号	模块名称	功能

续上表

自动售票机故障处理　　　　　　　　　　　　　　　　　表 B

项目	故障现象	故障处理操作步骤	处理结果
只接受纸币			
只接受硬币			
无法发售单程票			
发卡模块卡票			
币回收单元卡纸币			

二、实训小结

三、成绩评定

依据实训操作完成情况及职业素养(包括表达能力、沟通能力、团队合作能力、实际操作能力、知识掌握能力)进行评定。

评价等级	实训操作完成情况	职业素养				
		表达能力	沟通能力	团队合作能力	实际操作能力	知识掌握能力
评价结果						

指导教师评语：

学生签字：

日期： 年 月 日

指导教师签字：

日期： 年 月 日

附表 2-4

典型任务实训工单

姓名:_____   班级:_____   学号:_____

半自动售票机认知

一、实训内容

校内自动售检票系统实训室半自动售票机的结构及功能　　　　表 A

序号	模块名称	功能

续上表

半自动售票机故障处理 表 B

项目	故障现象	故障处理操作步骤	处理结果
发卡模块卡票			
票箱故障			

二、实训小结

三、成绩评定

依据实训操作完成情况及职业素养（包括表达能力、沟通能力、团队合作能力、实际操作能力、知识掌握能力）进行评定。

评价等级	实训操作完成情况	职业素养				
		表达能力	沟通能力	团队合作能力	实际操作能力	知识掌握能力
评价结果						

指导教师评语：

学生签字：

日期： 年 月 日

指导教师签字：

日期： 年 月 日

附表 3-1

典型任务实训工单

姓名：_____　　班级：_____　　学号：_____

电梯系统认知

一、实训内容

电梯系统结构　　　　　　　　　　　　　表 A

企业名称：　　　　　　线路号：　　　　　　站点名称：

序号	地铁电梯结构名称	校内电梯结构名称

电梯系统常见故障包括电梯停在平层区域但不能自动开门、电梯停在非平层区域且电梯有电、电梯停在非平层区域且电梯没电。

续上表

电梯故障的应急处理流程		表 B
项目	操作步骤	注意事项

二、实训小结

三、成绩评定

依据实训操作完成情况及职业素养(包括表达能力、沟通能力、团队合作能力、实际操作能力、知识掌握能力)进行评定。

评价等级	实训操作完成情况	职业素养				
		表达能力	沟通能力	团队合作能力	实际操作能力	知识掌握能力
评价结果						

指导教师评语:

学生签字:

日期: 年 月 日

指导教师签字:

日期: 年 月 日

附表 3-2

典型任务实训工单

姓名：_____　　　班级：_____　　　学号：_____

自动扶梯系统认知

一、实训内容

自动扶梯结构　　　　　　　　　　　　　　　　　　　　　　　表 A

企业名称：　　　　　　线路号：　　　　　　站点名称：

序号	地铁自动扶梯结构名称	校内自动扶梯结构名称

续上表

自动扶梯操作流程		表 B
项目	操作步骤	注意事项

二、实训小结

三、成绩评定

依据实训操作完成情况及职业素养(包括表达能力、沟通能力、团队合作能力、实际操作能力、知识掌握能力)进行评定。

评价等级	实训操作完成情况	职业素养				
		表达能力	沟通能力	团队合作能力	实际操作能力	知识掌握能力
评价结果						

指导教师评语：

学生签字：

日期： 年 月 日

指导教师签字：

日期： 年 月 日

附表 4-1

典型任务实训工单

姓名：_____　　　班级：_____　　　学号：_____

站台门认知

一、实训内容

站台门的分类及结构　　　　　　　　　　　表 A

企业名称：

站名	站台门类型	站台门结构名称

校内站台门结构及功能　　　　　　　　　　　表 B

站台门类型	结构名称	功能

续上表

二、实训小结

三、成绩评定

依据实训操作完成情况及职业素养(包括表达能力、沟通能力、团队合作能力、实际操作能力、知识掌握能力)进行评定。

评价等级	实训操作完成情况	职业素养				
		表达能力	沟通能力	团队合作能力	实际操作能力	知识掌握能力
评价结果						

指导教师评语：

学生签字：

日期： 年 月 日

指导教师签字：

日期： 年 月 日

附表 4-2

典型任务实训工单

姓名：_____　　　班级：_____　　　学号：_____

站台门操作及故障处理

一、实训内容

站台门操作流程　　　　　　　　　　　　　　　　　表 A

	系统级控制	站台级控制		手动级控制	
		可编程逻辑控制器（PSL）	综合后备盘（IBP）	就地控制盒（LCB）	钥匙/乘客手动
开门操作					
关门操作					
其他（门关闭后无法发车、隔离）					

站台门应急处理流程　　　　　　　　　　　　　　　表 B

项目	负责人	操作流程
	值班站长	
	站务员/值班员	
	行车控制主任	
注意事项：		
	值班站长	
	站务员/值班员	
	行车调度员	
注意事项：		

续上表

二、实训小结

三、成绩评定

依据实训操作完成情况及职业素养(包括表达能力、沟通能力、团队合作能力、实际操作能力、知识掌握能力)进行评定。

评价等级	实训操作完成情况	职业素养				
		表达能力	沟通能力	团队合作能力	实际操作能力	知识掌握能力
评价结果						

指导教师评语:

学生签字:

日期: 年 月 日

指导教师签字:

日期: 年 月 日

附表 5-1

典型任务实训工单

姓名：_____　　　班级：_____　　　学号：_____

车站消防系统认知

一、实训内容

车站消防系统的主要设备及作用　　　　　　　　　　　　表 A

企业名称：　　　　　　线路号：　　　　　　站点名称：

序号	设备名称	作用

车站消防设备的日常检查　　　　　　　　　　　　表 B

设备名称	检查内容	注意事项

续上表

二、实训小结

三、成绩评定

依据实训操作完成情况及职业素养(包括表达能力、沟通能力、团队合作能力、实际操作能力、知识掌握能力)进行评定。

评价等级	实训操作完成情况	职业素养				
		表达能力	沟通能力	团队合作能力	实际操作能力	知识掌握能力
评价结果						

指导教师评语：

学生签字：

日期： 年 月 日

指导教师签字：

日期： 年 月 日

附表 5-2

典型任务实训工单

姓名：_____　　　班级：_____　　　学号：_____

车站火灾应急处理

一、实训内容

车站火灾应急处理流程

项目	负责人	操作流程
车站站厅公共区火灾应急处理	站台站务员（巡视岗）	
	行车值班员	
	客运值班员	
	值班站长	
	售票员	
	注意事项：	
车站站台公共区火灾应急处理	站台站务员（巡视岗）	
	行车值班员	
	客运值班员	
	值班站长	
	售票员	
	注意事项：	
车站设备区火灾应急处理（无气体保护）	站台站务员（巡视岗）	
	行车值班员	
	客运值班员	
	值班站长	
	售票员	
	注意事项：	

续上表

续上表

项目	负责人	操作流程
车站设备房火灾应急处理（有气体保护）	站台站务员(巡视岗)	
	行车值班员	
	客运值班员	
	值班站长	
	售票员	
	注意事项：	

二、实训小结

三、成绩评定

依据实训操作完成情况及职业素养（包括表达能力、沟通能力、团队合作能力、实际操作能力、知识掌握能力）进行评定。

评价等级	实训操作完成情况	职业素养				
		表达能力	沟通能力	团队合作能力	实际操作能力	知识掌握能力
评价结果						

指导教师评语：

学生签字：

日期： 年 月 日

指导教师签字：

日期： 年 月 日

附表 6-1

典型任务实训工单

姓名：_____ 班级：_____ 学号：_____

车站给排水系统应急处理

一、实训内容

车站给排水设备的基本操作　　　　　表 A

项目	子项目	操作步骤
排水泵的操作	操作前检查	
	手动操作	
	自动操作	
	注意事项：	
全自动消防气压给水设备的操作	操作前检查	
	手动操作	
	自动操作	
	远程操作	
	注意事项：	

车站给排水设备故障的应急处理　　　　　表 B

故障现象	处理流程
区间隧道内消火栓系统管道故障发生跑水	
车站消火栓系统管道故障发生跑水	
自动喷水灭火系统供水管道跑水	
市政自来水管网供水水源中断	
车站自动喷水灭火系统玻璃球洒水喷头发生误喷或管道发生漏水	
排水泵故障不能排水	
排水泵排水管道止回阀故障	

续上表

二、实训小结

三、成绩评定

依据实训操作完成情况及职业素养(包括表达能力、沟通能力、团队合作能力、实际操作能力、知识掌握能力)进行评定。

评价等级	实训操作完成情况	职业素养				
		表达能力	沟通能力	团队合作能力	实际操作能力	知识掌握能力
评价结果						

指导教师评语:

学生签字:

日期: 年 月 日

指导教师签字:

日期: 年 月 日

附表 7-1

典型任务实训工单

姓名：_____　　　班级：_____　　　学号：_____

车站暖通空调系统认知

一、实训内容

车站暖通空调系统的主要设备及作用　　　　　　　　　　表 A

企业名称：　　　　　线路号：　　　　　站点名称：

序号	设备名称	作用

利用车站级控制装置进行紧急处置的操作步骤　　　　　　表 B

项目	操作步骤	注意事项

续上表

二、实训小结

三、成绩评定

依据实训操作完成情况及职业素养(包括表达能力、沟通能力、团队合作能力、实际操作能力、知识掌握能力)进行评定。

评价等级	实训操作完成情况	职业素养				
		表达能力	沟通能力	团队合作能力	实际操作能力	知识掌握能力
评价结果						

指导教师评语:

学生签字:

日期: 年 月 日

指导教师签字:

日期: 年 月 日

附表 8-1

典型任务实训工单

姓名：_____　　班级：_____　　学号：_____

车站低压配电与照明系统认知

一、实训内容

车站低压配电系统设备　　　　　　　　　　　　　　　　　　表 A

企业名称：　　　　　　　　　站点名称：

设备名称	设备结构	设备功能

车站照明系统故障应急处理流程　　　　　　　　　　　　　　表 B

岗位职责	应急处理流程	注意事项

续上表

二、实训小结

三、成绩评定

依据实训操作完成情况及职业素养(包括表达能力、沟通能力、团队合作能力、实际操作能力、知识掌握能力)进行评定。

评价等级	实训操作完成情况	职业素养				
		表达能力	沟通能力	团队合作能力	实际操作能力	知识掌握能力
评价结果						

指导教师评语:

学生签字:

日期: 年 月 日

指导教师签字:

日期: 年 月 日

附表 9-1

典型任务实训工单

姓名：_____　　　班级：_____　　　学号：_____

车站环境与设备监控系统认知

一、实训内容

车站级环境与设备监控系统的功能　　　　　　　　　　表 A

企业名称：　　　　　　　线路号：　　　　　　　站点名称：

序号	功能名称	具体功能

车站环境与设备监控系统的主要监控对象　　　　　　　表 B

序号	监控对象	监控内容

续上表

二、实训小结

三、成绩评定

依据实训操作完成情况及职业素养(包括表达能力、沟通能力、团队合作能力、实际操作能力、知识掌握能力)进行评定。

评价等级	实训操作完成情况	职业素养				
		表达能力	沟通能力	团队合作能力	实际操作能力	知识掌握能力
评价结果						

指导教师评语：

学生签字：

日期： 年 月 日

指导教师签字：

日期： 年 月 日